Harry Prünster

Griaß di?

Mein Tiroler Wörterbuch

Lustiger Sprachführer der
Tiroler Mundart

Mit Karikaturen von
Stefan Torreiter

Verlag 66 GmbH, Amstetten 2003

Die Hochsprache beschreibt,
der Dialekt charakterisiert.

Fritz P. Rinnhofer

IMPRESSUM

1. Auflage 2003

Buch-, Kunst- und Musikalienverlag GMBH
A-3300 Amstetten, www.verlag66.com

Autorenteam: Harry Prünster, Dietmar Lindner
Illustration: Stefan Torreiter
Layout, Grafik & Repro: CDMedia GmbH, Amstetten

Gedruckt und gebunden in Österreich

ISBN 3-902211-10-5

Inhaltsverzeichnis

BUCH

CD
Lustige Sprachübungen im Original Tirolerisch

Vorwort

Beim hier vorliegenden Buch „Griaß di - Mein Tiroler Wörterbuch“ handelt es sich hauptsächlich um die Darstellung meines persönlichen Dialekts. Klarerweise erhebt es keinerlei wissenschaftlichen Anspruch - wer dies sucht, schlage nach bei Schöpf, „Tirolisches Idiotikon“, 1866 oder Schatz, „Wörterbuch der Tiroler Mundarten“, 1956 - und will auch nicht alle Feinheiten sowie Unterschiede zwischen Osttirol, Nordtirol (Oberland, Unterland), Südtirol, Ötztal, Paznauntal, Zillertal, Außerfern usw. usw. ... herausarbeiten.

Nein, dieses Buch stellt schlicht und einfach eine Liebeserklärung des Autors an seine Muttersprache und Heimat dar. Wer mit Umwelt und Natur verwurzelt lebt, der liebt Geschichten. Er will alles über seine Vorfahren wissen, hört den lieben Alten aufmerksam zu und tankt Erfahrung, was er denen wiederum mit der Übernahme deren Sprache dankt.

Schauen Sie mich an:
Klar, ich spreche ein wenig Deutsch, ein bisschen Tirolerisch, aber hervorragend Schwazerisch. Damit ist wohl alles hinreichend erklärt. Es gibt keinen Zillertaler Dialekt, doch sehr wohl einen Fügener, einen Gerloser und einen Tuxer Dialekt. Ein Rat von mir: Sollten Sie Tiroler sein, dann machen Sie sich, falls Sie Ihr Kind zum Spielen beim Nachbarn unterbringen, darauf gefasst, dass es mit einer „Fremdsprache“ zurückkommt.

Ein Beispiel gefällig?
Wenn jemand auf die Toilette geht, so sage ich: „Dea isch aufn Klo.“
Keinen Steinwurf von mir entfernt, in Schlitters (Zillertal) würde man sagen: „Dea isch aufs Labl gongan.“ Unzählige Dinge könnte ich hier beschreiben, aber ... nein!
Ein Beispiel muss noch sein, das wohl alles, was ich Ihnen erklären will, in einem Satz zusammenfasst.
Deutsch: „Er ist über den Türschweller gestolpert und in den Hausgang (Diele) gestürzt.“
Ötztalerisch: „Ischt a ma woulltarn üwan Trischiewl an Eiwasaa gekuuglt.“
Jetzt könnte man wohl annehmen: „Tirolerisch ist unerlernbar!“ Nein, verlieren Sie nicht den Mut! Jetzt gibt´s ja endlich Hilfe:

„Griaß di - Mein Tiroler Wörterbuch“ mit einer CD - sozusagen einem Hörbuch - im Anhang, eine ideale Lernhilfe.

Wie sagte schon Robert Jungk: „Wir sollen das Unmögliche verlangen, damit wenigstens ein Teil davon ermöglicht wird.“

Kurzum ich wünsche mir nicht, - nein, ich verlange ganz einfach, dass jeder, der Tirol besucht, die Sprache der Einheimischen lernt. Deswegen gibt es auch einen Übungsteil im Anhang (CD). Lernen Sie gewissenhaft, denn eine Prüfung folgt!

Stürzen wir uns also hinein ins Vergnügen, frei nach dem Motto:
„Wer viele Sprachen spricht, kann in vielen Sprachen Unsinn reden.“ (Alexander Roda Roda).

Viel Spaß!

Ihr Harry Prünster

Der Tiroler und seine Mundart

(Der Tiroler, richtig: Tirola, auch: Tirolla, sogar: Tarolla usw. usw.)

Gleich eingangs sei festgehalten, dass ich die Definition des Brockhaus (Ausgabe um 1900), so wie auch alle anderen „Tirola“, strickt ablehne. Unter dem Stichwort „Tiroler“ findet man nämlich folgendes:
„Listiges Bergvolk in Lederhosen, das jodelt.“
Eine Behauptung, die die Tatsache verzerrt! Gut, es ist schon wahr, dass wir ein Bergvolk waren und sind. Die harte Arbeit des Bergbauern, der karge Ertrag, der ewige Kampf gegen Naturgewalten - im Sommer Überschwemmungen und Muren, im Winter Lawinen und beißende Kälte - das prägt einen Menschen. Um zu überleben, greift man ab und zu zur List, wobei dies wohl eher mit Kreativität umschrieben werden muss. Richtig: „Kreativität“ - das trifft die Sache auf den Punkt! Mitte des 19. Jahrhunderts erfanden **wir** den Fremdenverkehr. **Wir** waren es auch, die herausfanden, dass man nicht nur Kühe melken kann ...
So lernten wir schnell, mit den neuen Bedingungen zu leben, bauten statt Scheunen Hotels, züchteten anstatt Kühen Skillifte und avancierten in Kürze zur mondänen Winter- bzw. Sommerfrische.
Zum Vollblut-Europäer fehlt dem Tiroler eigentlich nur die allgemein verständliche Sprache, doch genau bei diesem Thema ist und bleibt er standhaft. Die ehrliche, manchmal deftige, aber stets bildhafte Sprache bleibt heimatverbunden und wurzelecht.

Um jedem Kosmopoliten die Chance zu bieten, sich mit Tirolern (auch Hoteliers, Hüttenwirte, Skilehrer, Bergführer, ...) zu verständigen, sei eben dieses Buch wärmstens empfohlen. Ernst erarbeitet, von Herzen kommend, gut und spaßig gemeint soll es jeden interessierten (Tirol-Fan) unterhalten.

Zur Verwendung des Buches

Tirolerisch nachvollziehbar in Schriftform zu bringen, würde eine enorme Vielzahl an Spezial-Schriftzeichen, Abkürzungen und Schreib- und Sprachregeln benötigen.
Aus diesem Grund hat der Autor gemeinsam mit dem Lektorat des Verlages eine einfache mundartgerechte Schreibweise entwickelt, die dem Leser mit etwas Übung das Nachsprechen Tiroler Begriffe ermöglichen und dabei die Lesbarkeit nicht behindern soll.
Parallel dazu fördert das beiliegende Hörbuch schließlich den Aufbau des Tiroler Sprachverständnisses und trainiert zusätzlich auch die Lachmuskulatur des Lesers bzw. Zuhörers.
Eine kleine theoretische wie methodische Übersicht zur Verwendung des Buches kann dem Leser allerdings nicht erspart werden.

1. Der in alphabetischer Reihenfolge eingeordnete Mundartbegriff wird stets **„fett"** geschrieben, verwandte Begriffe oder regionale Unterschiede „normal", Beispiele für die Verwendung in der Sprachpraxis *„kursiv"*.

   Beispiel:
   fåån, foarn, foon — fahren
   I fåå mit dia ums Egg! — Ich werde es dir schon zeigen!

2. Buchstaben in Klammern bedeuten, dass sie je nach Region einmal deutlich, undeutlich und gar nicht gesprochen werden.

   Beispiel: **alloa**n(-ig)

   Dasselbe gilt auch für „unfett" markierte Buchstaben.
   Sie werden meist nur undeutlich angesprochen oder schwingen akustisch mit.

   Beispiel: **da-wårtn**

3. Zur leichteren Lesbarkeit werden oft Vorsilbe und Wortstamm durch einen Bindestrich voneinander getrennt.

   Beispiel: **da-grattln**

4. Die Unterstreichung eines Buchstabens deutet darauf hin, dass seine Aussprache von dem Hochdeutschen wesentlich differiert:

   Beispiel: **deis**: Statt -ei- (gesprochen wie „Eis“) geht das „e“ langsam in das „i“ über.

   Dasselbe gilt zB auch für **eam**. In diesem Falle ist keine spezielle Schreibweise notwendig, da es im Hochdeutschen keine Verwechslungsmöglichkeit gibt.

5. *Å*, Å, **Å**, *å*, å, **å** entsprechen in ihrer Aussprache im Wesentlichen einem „O“. Deshalb als „o“ alphabetisch behandelt.

   Beispiel: **Fetzkåchl**

6. Besonders lang oder gedehnt gesprochene Vokale werden in ihrer Schreibweise verdoppelt:

   Beispiel: **gaaling**

7. Das charakteristische Tiroler-„K“, das am ehesten mit einem Krächzen im hinteren Gaumenbereich verglichen werden kann („gutturaler Raspellaut“) - eine gelegentliche Verwechslung mit einer Erkrankung der Atemwege soll schon vorgekommen sein -, wird meist besonders durch ein *kursiv* gesetztes *-kch-* hervorgehoben.

   Beispiel: **Schpec*kch*-*kch*nedl**

8. Folgende Buchstaben sind im Dialekt so gut wie nicht vorhanden: C, Qu ... bei K zu finden, Å-O, D-T, G-K, B-P, V-F können selten akustisch unterschieden werden, die Wahrnehmung ist sehr individuell. Dies sollte bitte bei der Wortsuche im vorliegenden Wörterbuch berücksichtigt werden.
St, Sp werden zu Scht und Schp, Qu zu Kw, Z manchmal zu Ts.

Abkürzungen:

jmd.	jemand
i. S.	im Sinne/in der Bedeutung von
EZ	Einzahl, Singular
MZ	Mehrzahl, Plural
OL	Tiroler Oberland
OT	Ötztal
syn.	synonym
UL	Tiroler Unterland
w. o.	wie oben
ZT	Zillertal

Wås Grammati*kch*alisch´*s*.

A bissl wås Grammati*kch*alisch´s.

Tiroler Zeitwörter

Der Überblick über die Verwendung der Tiroler Zeitwörter (Verben oder auch „Tunwörter“ genannt) beweist auch gleichzeitig die eindrucksvollen Unterschiedlichkeit einiger Tiroler Mundarten.

Gegenwart

„sein“

Deutsch

ich **bin** lustig
du **bist** lustig
er **ist** lustig

wir **sind** lustig
ihr **seid** lustig
sie **sind** lustig

Inntalerisch

i **bi** hetzig
du **bisch** hetzig
ea **isch** hetzig

mia **sein** hetzig
eis **seids** hetzig
sei̲ **sein** hetzig

Zillertalerisch

i **bii** hetzig
dü **bischt** hetzig
ea **ischt** hetzig

mia **hent** hetzig
es **seitet** hetzig
sei̲ **hent** hetzig

„haben“

Deutsch

ich **habe** Zeit
du **hast** Zeit
er **hat** Zeit

wir **haben** Zeit
ihr **habt** Zeit
sie **haben** Zeit

Inntalerisch

i **hu** daweil
du **håsch** daweil
ea **håt** daweil

mia **håm** daweil
eis **håbs** daweil
sei **håm** daweil

Zillertalerisch

i **hun** drweil
dü **hoscht** drweil
ea **hot** drweil

mia **hom** drweil
es **hoptet** drweil
se **homt** drweil

„werden“

Deutsch

ich **werde** verrückt
du **wirst** verrückt
er **wird** verrückt

wir **werden** verrückt
ihr **werdet** verrückt
sie **werden** verrückt

Inntalerisch

i **wea** narisch
du **weasch** narisch
ea **weard** narisch

mia **wean** narisch
es **weads** narisch
sei **wean** narisch

Zillertalerisch

i **wear** narisch
dü **weachscht** narisch
ea **weacht** narisch

miar **wearn** narisch
es **weachtet** narisch
se **weant** narisch

Mitvergangenheit

(Dei brauch ma im Tirolarischen fåst nia!)

„sein"

Deutsch

ich **war** ruhig
du **warst** ruhig
er **war** ruhig

wir **waren** ruhig
ihr **wart** ruhig
sie **waren** ruhig

Inntalerisch

i **wår** schtaad
du **wårsch** schtaad
ea **wår** schtaad

mia **wårn** schtaad
eis **wårds** schtaad
sei **wårn** schtaad

Zillertalerisch

i **wår** schtaad
dü **wåchscht** schtaad
ea **wår** schtaad

mia **wårn** schtaad
es **wåchtet** schtaad
se **wån** schtaad

Vergangenheit

„sein“

Deutsch

ich **bin** gewesen
du **bist** gewesen
er **ist** gewesen

wir **sind** gewesen
ihr **seid** gewesen
sie **sind** gewesen

Inntalerisch

i **bi** gweisn
du **bisch** gweisn
ea **isch, is** gweisn

mia **senn** gweisn
eis **seids** gweisn
sei **senn** gweisn

Zillertalerisch

i **bi** gwesn
dü **bischt** gwesn
ea **ischt** gwesn

mia **hent** gwesn
es **seitet** gwesn
se **hent** gwesn

„haben“

Deutsch

ich **habe** gehabt
du **hast** gehabt
er **hat** gehabt

wir **haben** gehabt
ihr **habt** gehabt
sie **haben** gehabt

Inntalerisch

i **hu** g*kch*ob
du **håsch** g*kch*ob
ea **håt** g*kch*ob

mia **håm** g*kch*ob
eis **håbs** g*kch*ob
sei **håm** g*kch*ob

Zillertalerisch

i **hun** *kch*opt
dü **hosch** *kch*opt
ea **hot** *kch*opt

miar **hom** *kch*opt
eis **hoptet** *kch*opt
sei **homt** *kch*opt

Oberinntal

i **hon** khet
es **hobets** khet
er **hot** khet

miar **hobn** khet
es **hobets** khet
se **hobn** khet

Zukunft

„werden“

Deutsch

ich **werde** zuhören
du **wirst** zuhören
er **wird** zuhören

wir **werden** zuhören
ihr **werdet** zuhören
sie **werden** zuhören

Inntalerisch

i **wear** zualosn
du **weasch** zualosn
ea **weard** zualosn

mia **wean** zualosn
eis **weads** zualosn
sei **wean** zualosn

Zillertalerisch

i **wear** züalösn
dü **weachscht** z.
ea **weacht** züalösn

mia **wearn** züalösn
es **weachtet** züalösn
sei **weant** züalösn

Befehlsform

Ånschåffen tua ma gean

Hålt die Pappn!	Halt den Mund!
Hebs Maul! (ÖT)	Halt die Klappe!
Kimm umma!	Komm herüber!
Reiß hea di Minz!	Gib das Kleingeld her!
Lupf mi jo nit ummi!	Betrüge mich bloß nicht!
Hea oamol auf!	Hör endlich auf!
Her uamol au! (ÖT)	
Pfeiff di nix!	Mach dir nichts daraus!

Möglichkeitsform

Dei kunnt ma a diamol brauchn

Deis tat i gearn!	Das würde ich gerne machen! Das täte ich gern!
I kunnt di gråd dakwetschn!	Ich würde dich am liebsten zerquetschen!
Hättsch gearn, ha!?	Das hättest du gerne, was!?
Dös hattasch eppa gearn! (ÖT)	
Deis hatt i ma nia denkt!	Das hätte ich mir nie gedacht!
Dös hatt i miar nia gedenkt! (ÖT)	
Kantsch a bissl ummiruckn?	Könntest du ein bisschen auf die Seite gehen?
Kuntsch a wiag auf d Seit gea?	
Mai, deis war fei!	Mensch, das wäre angenehm (fein)!
Du wursch scho segn!	Du würdest schon sehen (wo das hinführt)!
Du wuarsch schun sechn! (ÖT)	

Die Beugung der Hauptwörter*

Einzahl, männlich

1. Fall	**da Lota**	der Mann
2. Fall	Umschreibung des Genetiv:	des Mannes
	vun (vom) **Lota**	
	in Lota sei Huat oder:	
	da Huat vun Lota	
3. Fall	**in/im Lota**	dem Mann
	Da Huat g*kch*eat in/ im Lota	
4. Fall	**in Lota**	den Mann

Mehrzahl, männlich

1. Fall	**die Leeta**	die Männer
2. Fall	Umschreibung:	der Männer
	vun (von) **die Leeta,**	
	vu die **Leeta** ihre Schpergamentln	
3. Fall	**in die Leeta**	den Männern
4. Fall	**die Leeta**	die Männer

Einzahl, weiblich

1. Fall	**die Muata**	die Mutter
2. Fall	Umschreibung:	der Mutter
	von (vun) da Muata	
	da Muata ihre Kinda	
3. Fall	**da Muata**	der Mutter
	des sog ma da Muata	
4. Fall	**da Muata**	die Mutter

Mehrzahl, weiblich

1. Fall:	**die Miata**	die Mütter
2. Fall:	**von die Miata**, in die Miata ihrige Gschroppn	der Mütter
3. Fall	**in die Miata**	den Müttern
4. Fall	**die Miata**	die Mütter

Einzahl, sächlich

1. Fall	**s´ Poppal**	das Baby
2. Fall	Umschreibung: **vun Poppal**, in Poppal sei Schnulla	des Babys
3. Fall	**in Poppal**	dem Baby
4. Fall	**in Poppal**	das Baby

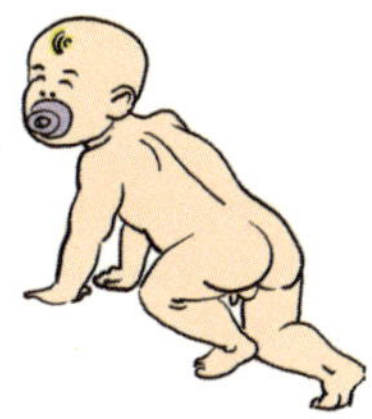

Mehrzahl, sächlich

1. Fall	**die Poppalen**	die Babys
2. Fall	Umschreibung: **vom/vun/in Poppale sei**	der Babys
3. Fall	**in die Poppalen**	den Babys
4. Fall	**die Poppalen**	die Babys

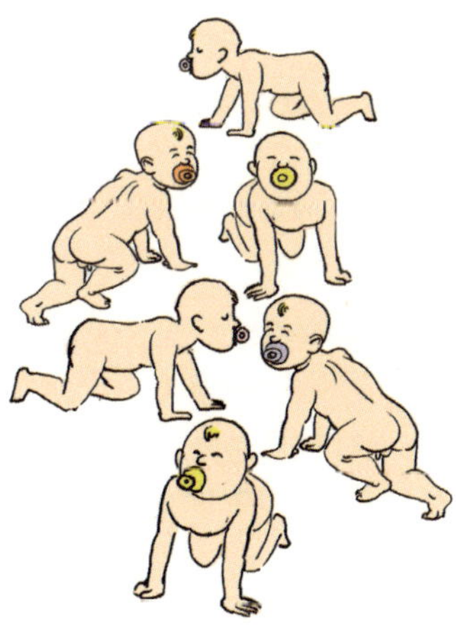

* Inntalerisch

Über die „Internationalität“ der Tiroler Mundart

„Bisch a Tirola, bisch a Mensch!“, sei das Motto vieler Tiroler. Sie wären von sich eingenommen, stur, nicht besonders aufgeschlossen, würden vieles sehr eng sehen.

„Die Berge behindern wohl den Blick in die Welt“, meinen manche. Dass aber so mancher vermeintlich echte Tiroler Mundartausdruck von außen kommt und bei uns freundlich aufgenommen wurde, wissen nicht einmal viele Einheimische.

Klar, wurden diese Wörter doch einfach sozusagen „tirolisiert“. Der Großteil dieser Ausdrücke stammt naturgemäß aus dem Nachbarland Italien, woher ja schon die alten Römer ihren Einfluss auf uns ausübten. Im Übrigen reichte ja das alte Tirol mit seinem italienischsprachigen Teil - dem Welschtirol - bis zum Gardasee. Aber auch andere europäische Regionen, die in irgendeiner, oft auch kriegerischen Weise mit dem Land zu tun hatten, haben unsere Sprache beeinflusst.

Hier einige Beispiele:

Römischen Ursprungs sind u. a.:

aper:	schneefrei; apertus (lat.) = offen, frei
a Pois:	eine Weile; pausa (lat.) = Abstand
kamott, kommott (UL):	gemütlich, bequem, angenehm; commodus (lat.) = brauchbar, geeignet
Schpergamentln mochn:	Umstände, Schwierigkeiten machen; spergimenta (lat.) = Bewegungen des Priesters mit dem Weihwedel
raar:	selten, wertvoll; rarus (lat.) = ungewöhnlich, selten

Aus dem Italienischen stammen z. B.:

Gåtzn: Schöpflöffel; cazza (ital.) = Pfanne, Kelle
Katzlmocha: Abwertende Bezeichnung für Italiener. Viele Italiener zogen früher als Pfannenflicker durchs Land s. o.
maggn: drücken; maccare (ital): quetschen
Marend: Nachmittagsjause, marenda (ital):?
schtampan: verjagen; stampare (ital.): stoßen
Tschigg: Zigarette, Kautabak; cica (ital): mundvoll
Zuuzl, **zuuzln**: Schnuller, saugen; succhiare = saugen

Aus dem Französischen haben sich u.a. eingebürgert:

o-tschappian: abhauen, verschwinden; echapper (franz.)
olle Puut: alle Augenblicke; a tout bout (franz.)
Bagaasch: Gesindel; bagage (franz.) = Gepäck, Tross
deschparat: verzweifelt, verzagt; desesperer (franz.) = verzweifeln

Praktische Redewendungen

Im Wirtshaus, auf der Hütten und beim Wandern

Håbts då nu a Platzl fia ins? — Haben Sie noch einen Sitzplatz für uns?

Kemma ins zunaho*kch*n? — Dürfen wir uns zu Ihnen dazusetzen?

Ru*kch* ma hålt zsåmm! - — So rücken wir doch alle zusammen!

Je gleima umso feina! — Je enger, desto gemütlicher.

Hock di zuacha (zuuna) oda bisch ds-gschamig — Keine Scheu, setz dich nur her zu uns.

Hock di hear då an Årsch voll! — Setz dich eine Weile her.

Rutsch a bissl!	Seien Sie doch so freundlich und rücken Sie bitte ein wenig zur Seite.
Trau di lei hear då zu ins oda håsch Schiss!	So trau dich doch her zu uns, oder hast du etwa die Hosen voll?
Mia håmm nu neamb gfressn!	Wir haben bisher noch niemanden aufgefressen!
Wås gibs`n Gscheits zun hawan?	Was gibt es denn Gutes zu essen?

Heit hatt ma a Schweinas.	Heute haben wir einen Schweinsbraten.
I brauch wås zwischn die Zend!	wörtl.: Ich brauche etwas zwischen den Zähnen, d.h. Ich habe Hunger.
Hu i heit an Koli!	Mich hungert enorm!
Bring ins decht die *Kch*årtn!	Bring uns doch bitte die Spielkarten bzw. Speisekarte

Bitschea, bring ins fia Glasln und an Saumogn.

Bitte, bringen Sie uns 4 Gläser und einen Aschenbecher.

I mecht a Bia und a Schnapsl!

Ich hätte gerne ein Bier und einen Schnaps (Klaren).

I hu an Hunga wia a Bäa und an Durscht wia a Schtåbsoffizier!

Ich habe Hunger wie ein Bär und einen Durst wie ein Stabsoffizier.

Tua hea nu a Hålwe!

Bringen Sie mir bitte noch ein großes Bier (= Krügel; 0,5 Liter)!

Kimbs Essn heit nu?!

Können wir heute noch mit unserem Essen rechnen?

Bring decht a Packtl *Kch*årtn, mia måchn an Watta bzw. an Schnåpsa.

Bringen Sie doch eine Packung Spielkarten, wir spielen eine Runde.

Måch ma an Watta?

Machen wir noch ein Kartenspiel. („Watten“ = ein beliebtes Tiroler Kartenspiel)

Schpielt heit nit die Musig?
Spielt heute keine Musik?

Wås ischn deis fia a loamsiadate Musig?
Was ist das für eine langweilige Musik/Band/Musikgruppe?

Schpielts amol wås Gschearts, bzw. Flotts, bzw. an Schleicha!
Spielt doch etwas Rustikales, bzw. etwas Flottes, bzw. etwas Langsames (= Schmusesong).

Måchsch mit mia a Tanzl! Auf geats! Gemma oan draan!
Möchtest du mit mir tanzen? Komm, lass uns tanzen!

Wo isch`n do s´ Heisl?
Wo ist denn hier das WC?

I muaß mein Learbuam beitln.
Ich muss meine Blase entleeren.

Reiß aussa an Ziacha (die Zugin) und schpiel oan auf!
Nimm doch bitte dein Akkordeon zur Hand und spiel für uns.

Nimm decht die *Kch*låmpfn bzw. Kitar, nå jodl(-n) ma oan.
Nimm deine Gitarre, dann jodeln wir ein Lied.

Schpielts amol wås Schneidigs!	Spielt doch etwas mit Power!
Kuusch nit a poar hetzige Gschtanzln oda Schnoda-hipfln?	Kannst du nicht einige lustige Gstanzln oder Schnaderhüpfln bringen?
Bleib hålt nu a bissl hockn, du Hoamreara!	Bleib doch noch etwas sitzen, du Langweiler!
Firchsch di eppa vo deina Åltn?	Hast du etwa Angst vor deiner Frau?

Håsch du übahaup koa Hoamgea?	Du willst scheinbar gar nicht nach Hause gehen, du Nachtvogel.
Håsch du koa Dahoam?	Hast du kein Zuhause?
Du håsch oba a guats Sitzleda!	Du hast aber ein gutes Sitzfleisch!
Wenn dei Manda amål hintars Kårtn kemman, hearn`s koa Schlågn und koa Leitn mea.	Wenn die Männer einmal mit dem Kartenspielen beginnen, hören sie das Läuten der Kirchenglocken nicht mehr.

Iatz gea i owa hoam! I muaß mi nu a bissl aufs Oa haun, sunscht bin i morgn gånz welch!	Jetzt gehe ich aber. Ich sollte noch ein wenig schlafen, sonst bin ich morgen völlig übermüdet.
Sei koa Loamsiada und bleib nu a bissl!	Sei kein Spielverderber bzw. Langweiler und bleib doch noch ein wenig!
Mia genn ålle mitnånd!	Wir gehen gemeinsam!
So, iatz åwa aussi mit eich, Schperrschtund isch!	So, jetzt aber hinaus mit euch, wir haben Sperrstunde.

Beim Einkauf

Wo isch´n då s´neggschte Gschäft, bittschen?	Könnten Sie mir bitte sagen, wo ich hier das nächste Geschäft finde?
Metzga	Fleischhauer
Bec*kch* (-a)	Bäcker
Supamårkt	Supermarkt
Wenn måchtn (schperrtn) da Bec*kch* auf?	Wann sperrt denn der Bäcker auf?
Wo kriag i denn då Zigrettn?	Wo kann ich denn da Zigaretten kaufen?
Håbbs eis a eppas zun Lesn?	Führen Sie auch diversen Lesestoff!

Deis passt åwa wia u-gossn!

Das sitzt (passt) wirklich perfekt.

Mechtns eppas Billigs, oda solls wås Gscheits sein!

Wollen Sie eher etwas Günstiges oder legen Sie Wert auf Qualität!

Då hatt ma gånz eppas Neis (Nuichs)!

Da hätten wir ganz etwas Neues!

Schaug di lei a bissl um!

Sehen Sie sich nur ein wenig um!

Mia måchn eascht um Siime zua!

Wir schließen erst um 7 Uhr!

Deis isch a bissl zkloan, mia wean schu nu wås findn, wås da bessa passt.

Das ist ein wenig zu klein, mal sehen, ob wir etwas Passendes finden!

Wås koschtn deis do?

Was kostet denn das hier?

Håbbs deis a a bissl kloana?

Haben Sie das auch etwas kleiner?

Schliafns decht amol eini!

Probieren Sie doch mal!

Deis isch ma ztoia!

Das ist mir zu teuer!

I mecht deis Hemmat zruggi geim, då faalt a Kneipfl.

Ich bringe dieses Hemd zurück, es fehlt nämlich ein Knopf.

Ku i dei Schuach umtauschn, sie gfålln an Meinign nit!

Kann ich die Schuhe umtauschen, sie gefallen meinem Mann nicht!

Sie kennen gean mit a *Kch*ortn zååln!

Sie können auch gern mit Kreditkarte bezahlen!

Då hämm`S die Aussagåb!
Då håsch die Aussagåb!

Hier ist ihr Restgeld.

Begüßung und Kontaktaufnahme

Griaß Goud!	Guten Tag!
Guatn Morgn!	Guten Morgen!
An schean Tåg!	Einen schönen Tag noch!
An schean Nåmmitåg!	Einen schönen Nachmittag!
Schean Åbnd!	Schönen Abend!
Guate Nåcht!	Gute Nacht!
Schlåff(z) guat!	Schlaf(t) gut!
Traam (traamts) wås Scheas!	Träum(t) was Schönes!
Auf Wiedaschaugn!	Auf Wiedersehen!
Mia sechn ins!	Wir sehen uns!
Bis båld!	Bis bald!
Bis schpåta!	Bis später!
Bis zum negschtn Mål!	Bis zum nächsten Mal!
Pfiat Goud!	Auf Wiedersehen!

Griaß di, Seawus

Grüß dich (vertraut), Servus

Pfiat di, Seawus

Leb wohl! (vertraut), Servus

I bi da Sepp,
und wia hoasch du?

Ich bin der Sepp,
und wie heißt du?

Deis isch åwa a scheana Nåmm!

Das ist aber ein schöner Name!

Gemma nu auf a Glasl?

Darf ich dich zu einem Drink einladen?

Håsch (Håbs) heit schu wås vua?

Hast du (Haben Sie) heute schon was vor?

I tat di (Sie) gearn zu an kloan Fahrtl einlådn!

Darf ich Sie zu einer kleinen Spritztour einladen?

Derf i da a bissl insar Dorf zoagn?

Darf ich Ihnen ein wenig unser Dorf zeigen?

Du hosch åwa zwoa scheane Augn, oans scheana wiars åndare!

Du hast aber zwei schöne Augen, eines schöner als das andere!

Mei, hosch du a guats Gschtell!

Mensch, hast du eine tolle Figur!

Wia waars mit ins zwoa?

Wie wär´s mit uns beiden?

Hau ma ins auf a Packtl?

Tun wir uns zusammen?

A so a guata Hås!

So eine kesse Biene!

Kimmsch nu auf a Schpringal zu mia?

Kommst du noch kurz zu mir herein?

Wenn i dia in deine Gugga schaug, kriag i gånz woache Knia!

Wenn ich in deine Augen schaue, werde ich ganz schwach!

I tat di am liabschtn a bissl zuna-maggn!

Ich würde dich am liebsten fest an mich drücken!

Schaug mi nit so u, sunscht wea i schwåch!

Schau mich nicht so an, sonst werde ich noch schwach!

Bisch du åwa a liaba Bua!

Bist du aber ein netter Junge!

Geesch a Schtic*kch*l mit mia?

Gehst du mit mir ein Stückchen?

Loan di hålt a bissl zuna!

Möchtest du dich nicht etwas an mich schmiegen?

Am liabschtn tat i di å-bussln!

Darf ich dich küssen?

Wennd mi no lång a so u-schaugsch, buss i di nu üwarn Haufn!

Wenn du mich noch lang so anschaust, muss ich dich einfach küssen!

Bisch du owa a liabe Giitsch! (a liabs Putzal)

Bist du aber ein liebes Mädchen!

Seich ma ins morgn wieda?

Könnten wir uns morgen wiedersehen?

Konfliktsituationen

Bisch heit åwa zwiida!

Bist du heute aber übel gelaunt (schlecht drauf)!

Wås håsch denn heit fia an Grant!

Warum bist du denn heute so schlecht gelaunt!

Gib amål a Ruah, Zwiidawurzn!

Gib endlich mal Ruhe, du miesepetrige Person!

Måch nit ållaweil so a Gfaar!

Mach nicht immer solche Probleme.

Vaschwind, åwa gaach!

Verschwinde, aber plötzlich!

Gee wec*kch*, sunsch måch i da Haxn!

Geh weg, sonst mach ich dir Beine!

Måch di!, Va-zupf di!, Hau oo!, Va-roll di!, Schleich di!	Verschwinde!
I wea da schu zoagn, wo da Bartl in Moscht holt!	Ich werde dir schon zeigen, wo´s lang geht!
Wås zwiidasch mi denn ållaweil u!	Warum stänkerst du mich denn immer an!
Måch koane Tånz (Schpergamentln)!	Mach keine Probleme!
I wea da deine Tappm scho nu austreim!	Ich werde dir deine Flausen schon noch austreiben!
I wea glei å-foarn mit dia, du Rotza!	Ich werde dich schon noch klein kriegen, du Rotzlöffel!
Måggsch di heit selwa nit?	Du magst dich heute wohl selbst nicht!
Bisch heit mitn linggn Fuaß aufgschtåndn!	Du bist heute wohl mit dem falschen Fuß aufgestanden!
Kundsch eppan åndan tratzn!	Ärgere doch jemand anderen!
Pflanzn kuusch an åndan!	Necke doch jemand anderen!
Du hausch mi auf!	Du kostest mich die letzten Nerven!
Gee mi nit un! Gee ma nit aufn Wecka! Zipf mi nit u!	Geh mir nicht auf die Nerven!

Du koschtasch mi meine letschtn Hoa!	Du kostest mich meine letzten Haare!
Dei̲ Sumsarei kunn i schu nimma hearn!	Dein Gejammere kann ich schon nicht mehr hören!
Hålts zsåmm, ålte Keppltant!	Sei doch endlich still, du alte Kepplerin!
I wea dia schu nu Fiaß måchn!	Ich mach dir gleich Beine!

Schaug, dass weita-kimmsch!	Schau, dass du weiterkommst!
Håb nit ållaweil a so an Gneat!	Hab doch nicht immer so eine Eile!
Wås plearschn schu wieda?	Was heulst du denn schon wieder!
Håsch wås gschtohln, dass di so gschleinsch?	Hast du etwas gestohlen, dass du dich so beeilen musst?
Måch decht amål dei Pawalatschn auf!	Sag doch cndlich mal was! So mach doch mal den Mund auf!

I wea di schu nu dahi bringan, wo I di håm mecht!

Ich werde dich schon noch zurechtbiegen!

Hea amol auf peffln!

Hör doch endlich auf zu keppeln!

Schperr decht deine Oawaschl auf, wenn i dia wås såg!

Hör doch zu, wenn ich mit dir spreche!

Wås gåffsch denn so bleid!

Was schaust du denn so doof!

Wås mách´schn heit fia a bleids Gfrieß hear!

Wie schaust du denn heute drein!

Ziach decht nit ållaweil so a Murfl!

Schau doch nicht immer so verdrossen!

Reiß di zsåmm!

Sei doch brav!

Schperr decht deine Schprotza auf, sunscht fliagsch nu då o-i!

Sperr doch deine Augen auf, sonst fällst du noch da runter!

Harrdi gatti, wia schaugsch`n heit drei!

Herrschaft noch mal, wie schaust denn du heute aus!

Du håsch wohl an Schprung in da Marilln!

Du bist wohl nicht ganz normal!

Mai, håsch du an schtuurn Grind!

Mensch, bist du ein Dickkopf!

Schtuurschädl, fahellta!

Sturschädel, unverbesserlicher!

Måch koane Lazi, sunsch ziach i di bei di Leffl (Oawaschl)!

Mach keine Dummheiten, sonst zieh ich dir die Ohren lang!

Tua gscheit, sunsch håts an Egg!

Benimm dich ordentlich, sonst kriegst du Probleme mit mir!

I wea dia die Wadln schu nu fieri richtn!

Ich werde dich schon zur Besinnung bringen!

Dem Lausa muaß i iatz amål die Levitn lesn.

Diesem Lausejungen muss ich einmal ordentlich meine Meinung sagen!

Tiroler Orientierungshilfe

aina, aicha [ZT], inchn (ÖT)	hinein, herein
ins, ains [ZT]	ins, in das ...
aufi, au-i	hinauf, aufwärts
aussa	heraus
aussi Gemma aussi!	hinaus lass uns hinausgehen
aussn	draußen
då, dåda	hier
dåhear	daher
dåhin	dorthin
driwa, driwabei	darüber
drunta, druntabei	darunter, drunten
entn, drentn, herentn Do entn isch wås los!	drüben, herüben, da; Hier drüben ist der Bär los!
firchi (UL) I foa firchi Kimm fircha!	vorne Ich fahr nach vorne/überhole. Komm heraus!
voarn	ganz vorne

hintn, hintabei	hinten, dahinter
innan, innabei innan ischs schian	drinnen drinnen ist es schön
ins	hinein
aaschling(-s)	rückwärts
owabei	oberhalb
untn	unten
z`untrigscht	ganz unten
achling (ZT)	rückwärts
odürch (ZT)	hinweg, fort
o-i, obi, o-wi	hinunter
oichi (UL)	hinunter
o-a, oba, o-wa, ocha	herab, herunter
rundum, rundummadum	rundherum
umadum	umher
ummi, onchen(OL), umma	hinüber, herüber
unta	unter, darunter
untabei, drunta	unterhalb

z`obrigscht
Orientierungshilfen vom Standpunkt des Betrachters aus.
o-i
entn
au-i
hintn
z`mittligscht
voarn
drunta
då

oubm
driwa
drauf
ıntn
ummi
z`hintrigscht
z`untrigscht
untabei
eini
aussi

zrugg(-i)	zurück
zu-i, zu-ni zuawi, zuni, zuachi Foa lei nu a Schtic*kch*l zuni!	näher heran, dran Fahr noch näher heran!
zu-a, zuaba, zuawa, zuna, zuacha, Hock di zuna!	her, herzu Setz dich her (zu uns)!
obrigscht, **z`obrigscht**	ganz oben
mittligscht, z´mittligscht mittligscht drein (innen)	in der Mitte inmitten, mitten drin
aschling	rückwärts

Tiroler Zeitangaben

iatz	jetzt
glei	gleich
Owa heit nu!	Aber ein bisschen plötzlich! Dalli-dalli!
nåcha	nachher, etwas später
schpata	später
heit	heute

z-naggscht	neulich
feacht (ZT)	voriges Jahr
dei̲ Woch nu	noch diese Woche
neggschte Woch	nächste Woche
neggschts Jåår	nächstes Jahr
letschte Woch(n)	vergangene Woche
geschtarn, nåchtn (OL)	gestern
u-fångs	anfangs, zu Beginn
båld	bald

ållaweil	immer
koa End Es geed koa End hea.	endlos Es ist kein Ende abzusehen.
z-morgats (OL)	morgens
Nåmittåg	Nachmittag
z-åbats (OL)	abends
z´gschnåchts	in der Nacht
gschnåchts	gegen Abend
nia, niamåls	nie, niemals
darweil I hu koa Daweil	mittlerweile Ich habe keine Zeit
z-gleich	zugleich
oft, oftarn(UL)	dann, nachher
oftamål, a tia, adiam, atiamål	manchmal
a **påårmål**, an etla Mål	einige Male, etliche Male
salm (OL)	damals

Jahreszeiten

Fruajåår Langes	Frühjahr	**Herwischt** Herbscht	Herbst
Summa	Sommer	**Winta**	Winter

Tage

Mutåg, Muntig, Menntig	Montag
Deaschtåg, Dianschtåg	Dienstag
Mittwoch, Mittåg	Mittwoch
Donnaståg, Donnaschtåg, Dunnaschtåg	Donnerstag
Freitåg, Freitig	Freitag
Somståg, Somschtig	Samstag
Sunntåg, Sunntig	Sonntag

Deis Tirola Madl

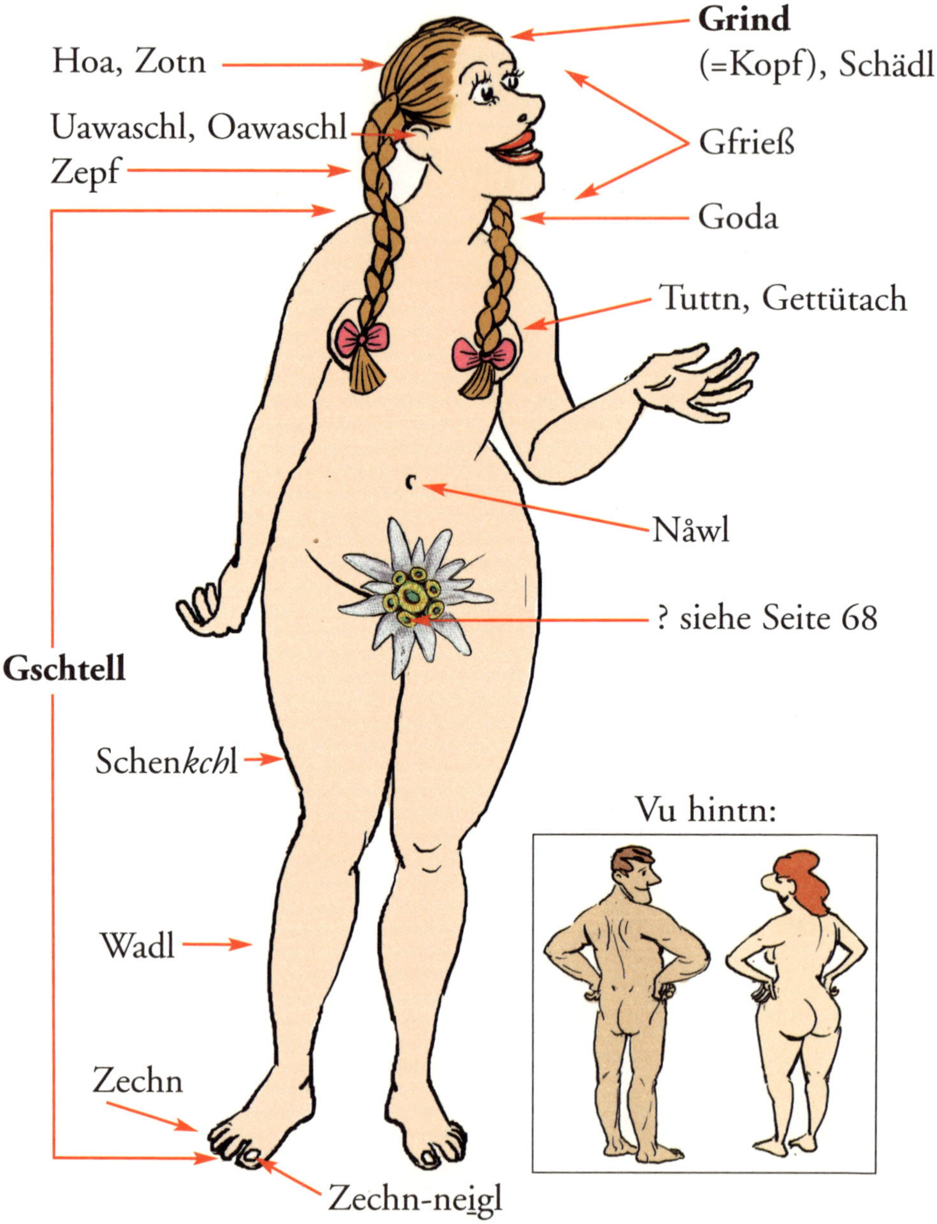

Dea Tirola Bua

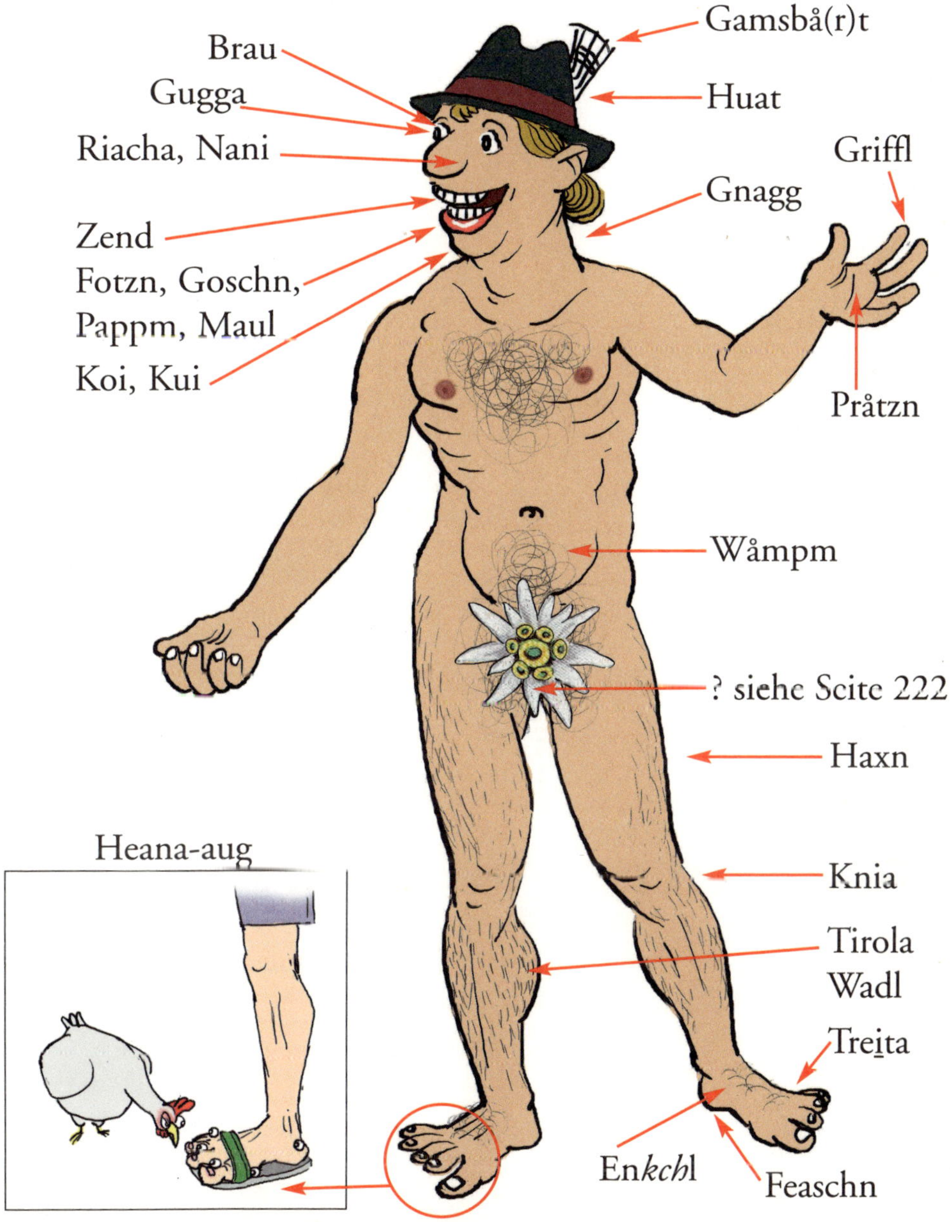

Monate

Insbes. im ZT: OL:

Jenna	Jänner
Feba, Fewa	Februar
März, Mächz	März (Frühjahrsmonat)
Aprill, Owrill	April (Ostermonat)
Mai	Mai (Wonnemonat)
Juni	Juni
Juli	Juli
Auguscht	August
Septemba	September
Oktowa, Oktoba	Oktober
Novemba	November
Dezemba	Dezember (Christmonat)

Mein
Tiroler Wörterbuch

Acha*kch*ackta — wörtl. „Heruntergehackter"; Spottwort für die Bewohner des Bezirkes Reutte (Außerfern), die größtenteils eine alemannische, bzw. eine alemannisch gefärbte Mundart sprechen

Åchtal — ein 1/8 Liter Wein

ac*kch*rat — akkurat, genau, ausgerechnet
ackchrat iatz — ausgerechnet jetzt

a-diam(-ol) — manchmal

A gee!, A gea! — achso - ungläubig
Aa ge? — achso - fragend

alloan(-ig) — alleine
I bi hålt ollaweil alloa! — Ich bin immer alleine!

Ålm — Bergweide

ålm — immer

Ålmdudla — Kräuterlimonade, mischbar mit Wein und Bier

Auf der Ålm gibts koa Sind,
solong koa Pforra auffi kimmb.

altelen — alt ausschauen, werden; nachlassen, auch: verdorben wirken

Deis tuat schåa a bissl altelen! — Das wirkt schon leicht verdorben!

ameacht, feacht — einst, früher

antan — jmd. od. etw. nachahmen, -äffen

Tua mi decht niit ållaweil antan! — Äffe mich doch nicht immer nach!

Antn — Ente

Anna, draa d'Antn um, bråt's ent a! — Anna, wende die Ente, brate sie auf der anderen Seite auch!

Äpfl-schtrudl — Apfelstrudel, Blätterteig mit geschnittenen Äpfeln, Rosinen, Nüssen (oder Brösel)

årg — schlimm

arschling(-s) — rückwärts, verkehrt

au(f)-drahn — etwas (zB Licht) einschalten, immer heftiger schimpfen, attackieren, mehr Gas geben

auf d' Nåcht — abends
gschnåchts (UL)
afn-åbnt (OL)

au(f)-geign — angeberisch tun; musikalisch aufspielen

Tua nit gei(g)n! — Gib nicht so an!

au(f)-gfriarn — auftauen

au(f)-gschmeckt — aufgedonnert, aufgetakelt

Dei aufgschmeckte Henn håt lei ihre Huttn und Zottln im Schädl. — Diese aufgetakelte Frau hat nur ihre Kleider und Frisur im Kopf.

au(f)-gschmissn sein — nicht mehr weiterwissen, am Ende sein

au(f)-håm — aufhaben, tragen

Iatz homma 'n Huat auf! — Jetzt haben wir Probleme!

au(f)-haun — hinfallen; sich verletzen; auf die Nerven gehen

Gee hau mi nit auf! — Bitte, gehe mir nicht auf die Nerven!

au(f)-hausn — in Konkurs gehen

au(f)i-werfn — hochwerfen

au(f)-krautn — zerlegen, kaputt machen; auch: abarbeiten

auf-kemman — aufkommen

Ea låsst'n nit auf-kemman. — Er lässt ihn nicht aufkommen (stark werden).

au(f)-lupfn — aufheben

Da-lupfsch du mi iwahaupt au(f)? — Bist du überhaupt imstande, mich aufzuheben?

aua-lupfn	heraufheben
au-i-lupfn	hinaufheben
au(f)-mandln	aufbegehren
Tua nit auf-mandln!	Spiel dich nicht so auf!
au(f)-muggn	aufbegehren
au(f)-mucksn	
au(f)-redn, au(f)-rein	aufreden, im Schlaf reden
au(f)-reißn	ein Kuvert aufreißen; sich ein Mädchen anlachen
Den guatn Hås wea i ma aufreißn!	Dieses hübsche Mädchen werde ich mir anlachen!
au(f)-rinnan	in Konkurs gehen
Iatz isch schåa wieda åana auf-gronnan!	Jetzt ist schon wieder jemand in Konkurs gegangen!
au(f)-schpilln, au-schpieln	(zum Tanz) aufspielen
Manda, schpielts åan au(f)!	Burschen, spielt (zum Tanz) auf!
au(f)-schtelln	stürzen
Den hots owa saggrisch auf-gschtellt!	Der ist aber böse gestürzt!
au(f)-setzen	aufsetzen
au-setzn	

au(f)-tagglt — (übertrieben) herausgeputzt sein
Taggl di decht nit ållaweil so auf! — Putz dich doch nicht immer so übertrieben heraus!

au(f)-zwic*kch*n — stänkern, provozieren
Meggsch du mi eppa au(f)-zwickchn? — Willst du mich womöglich provozieren?

auffi-ziachn — hinaufziehen

aus-aparn — schneefrei werden

aus-fiesln — von einem Knochen das letzte Fleisch herunternagen oder -schaben

aus-fratschln — aufdringlich ausfragen
I loss mi nit aus-fratschln! — Ich lass mich nicht ausfragen!

aus-gfuxt sein — mit allen Wassern gewaschen sein
Deis isch holt a aus-gfuxts Mandl! — Das ist ein ganz besonders Schlauer!

aus-gschambt — unverschämt, ordinär
Tua nit so aus-gscham(b)t! — Benimm dich nicht so schamlos!

Aus-gschau — Zustand, zB einer Wohnung
So a Ausgschau! — So eine Unordnung!

aus-gschissn — Gunst (endgültig) verlieren
Du hosch bei mia aus-gschissn. — Ich mag dich nicht mehr.

aus-håltn	etwas aushalten, vertragen, den Unterhalt für jmd. bestreiten
aus-liachtn	kleine Bäume aus dem Wald ausschneiden, unnütze Triebe entfernen
aus-ruc*kch*n	ausrücken; öffentlicher Auftritt der Musikkapelle, Schützen ...
aussa-båchn	herausbacken
aus-sac*kch*ln	jmd. das Geld aus der Tasche ziehen
aussa-toan	herausnehmen
aussa-wurschtln	sich aus einer misslichen Situation herauswinden

Mia wean ins do scho irgendwia aussa-dawurschtln!	Wir werden da schon irgendwie herauskommen!

aus-schlipfn	ausrutschen
aus-schnåpsn	sich etwas mit jmd. ausmachen
Deis wea ma ins untara-nånda aus-schnåpsn!	Das werden wir unter uns ausmachen!
aussi-gråsn	fremdgehen
aus-tåaln	verteilen; beschimpfen
Wea auståalt, muaß a eischteckchn kennan!	Wer ständig andere kritisiert, sollte auch selber kritikfähig sein!
aus-ziachn	ausziehen
Autolåpp	Autonarr

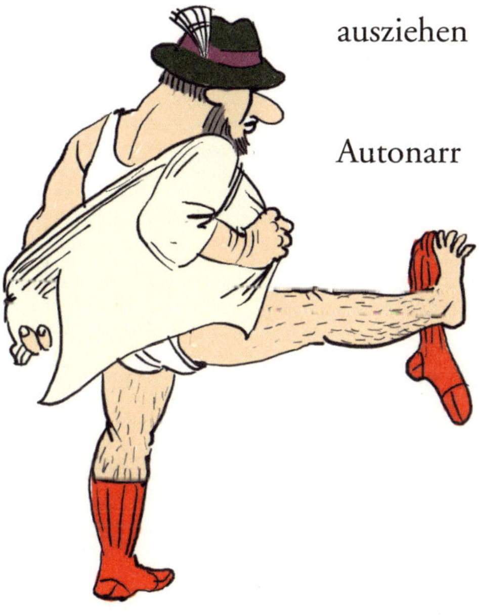

Baam	Baum
Baam-hackl	arg verschmutzte, verkrustete Hautstelle
Wasch dia decht amål den Baam-hakchl vu die Fiaß!	Wasche dir doch endlich einmal deine total verschmutzten Füße!
Baam-pe*kch*a	Specht
Baaz	weicher, klebriger Brei
baazig, batzigg	weich, klebrig
Bachal	Rinnsal
bachal-wårm	lauwarm
De Bria isch jå bachl-wårm!	Dieses Bier ist wohl etwas temperiert.
Båchhendl	Backhähnchen
bachln	urinieren
båchn	backen
a båchns Mandl	ein listiger Mann
Bådewaschl	Bademeister

baffn	(viel) rauchen
Bagaasch	Gesindel, Bagage
Boan	Knochen, Bein
båld, boid (UL) *Båld redsch so, båld so!*	bald; einmal Einmal sprichst du so, dann wieder anders!
båldamål *I kimm eh båldamål!*	demnächst, in Kürze Ich komme ohnehin gleich wieder!
bångat, bau(n)gat	bummelig
Bånkert	Schimpfwort i. S. Bastard
Bärndreckch	Lakritze
baschtln zsamm-b.	basteln zusammenb.
Båtzn	teigartige Masse
Båtznheisl	kleines Gasthaus
Båtznlippl *So a Botznlippl!*	ungeschickter Mensch
Baunzn, Paunzn *Die Baunzn sein heit owa a bissl batzig!*	Kartoffelnudeln Die Kartoffelnudeln sind heute aber ein wenig zu weich!
bearig	bärig, toll

beas — böse, missmutig, schlecht gelaunt

Be*kch* — Bäcker

Beeg — Fahrrad
So a bearige Beeg! — Das ist aber ein tolles Fahrrad!

beffeln — keifen, schimpfen

begln — bügeln

beinånda — beisammen

Beischl — Speise aus fein geschnittenen Innereien vom Rind

Beißwurm — giftige Schlange, Kreuzotter

Beißzongen — böse Frau, s. a. „Biißguarn“

Beitl — Beutel, Hodensack, auch: Schimpfwort für Schelm

Bendl — Korb

benzn — betteln, lästig drängen
Her decht amål auf zum Benzn! — Hör doch endlich auf zu betteln!

Bergfex — fanatischer Bergsteiger

Bergkaas — Hartkäse

Berglåpp	Bergnarr
betaggln	betrügen, übervorteilen
Betaggln loss i mi nit!	Betrügen kann mich niemand!
betrogn	betrogen; gefährlich, ungut
a betro(g)nes Weiwass	eine ungute Frau
Betschwesta, Betbruada	besonders eifriger Kirchgänger
Bett-schtått	Bett, Bettstatt
Biabl, Biawl	Büblein
biarschtln, birschtln	bürsten; saufen
Bichl	Bühel, Hügel
Des isch owa a letza Bichl!	So ein kleines Hügelchen!
Bieß	Gebiss
Bießguarn	streitsüchtige, „bissige“ Frau
Bims	altbackenes Brot
Binggl	Beule
Wo håsch da denn den Binggl g-kcholt!?	Woher hast du denn diese Beule?

Birschl	Bürschchen
Birschl, i wea da schu zoagn, wo da Bartl an Moscht holt!	Bürschchen, ich werde dir schon zeigen, wo es lang geht!
Birschtl	Bürste
Bischl (-gschiar)	Blumen (-topf)
Bloama-gschier	
bissl, a bissele	ein bisschen
syn.: a wench, a weng	ein wenig
bitzln	jucken, brennen
Bix	Büchse, Gewehr
Håt då nit a Bixl knållt?	War da nicht ein Gewehrschuss zu hören!
Blådar	Blase
blan(g)**ig**	lüstern, geil
Blattl	Blatt eines Buches, ein Zettel; Blatt einer Pflanze; Spielkarte
blattln	schlagen
Blattln	
Blattlang auch: Plattln	Mehlspeise aus Kartoffeln, Mehl, im Fett gebacken, serviert mit Sauerkraut
Bleaml	Blume, Blümlein

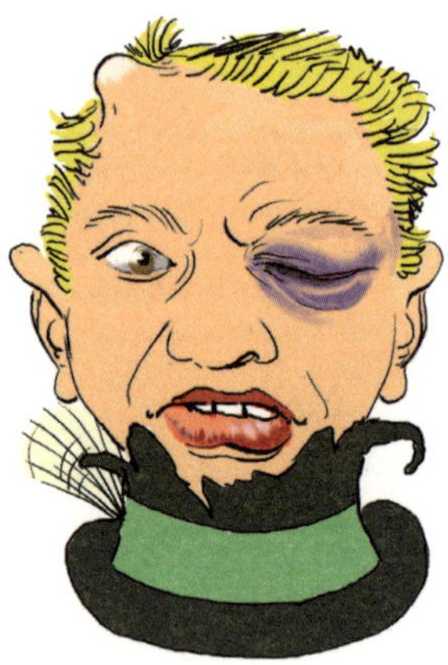

Blech	Witzwort für Geld
blechn	bezahlen
Blechn muasch du!	Bezahlen musst du!
Blechtrottl	scherzhaft für Computer

Ohne Blechtrottl geats heit hålt a nimma!	Ohne Computer kann man heutzutage nicht mehr arbeiten.
bleckat	bloß, pur, nackt
die bleckate Noat	die pure Not
die bleckate Ångscht!	die pure Angst
bleckchazn, bleckchezn	blitzen, wetterleuchten
bleckfüassat	barfuß
bleidln	Spaß machen
Blesche	heftiger Schlag; Wunde
bleschn	schlagen, prügeln
Bletschala	Glückspilz
Bletschnkopf	

Bletschn	großes Blatt
die Bletschn hängen låssn	missmutig dreinschauen
a Bletschn håm	Glück haben
Bliatn	Blüte(n)
bliatn, bluatn	bluten
blitzn	blitzen; länger ausgehen, einen draufhauen
Bloam	Blume
Bluat	Blut
Bluatschink	Sagengestalt, die im Tiroler Lech (Fluss) lebt; Name eines populären Tiroler Musikduos
Bluatwiesn	eigentl.: Schlachtplatz
Gib a Ruah, sunsch gee i mit dia auf die Bluatwiesn!	Lass mich in Ruhe, sonst mach ich dich fertig!
blui-n, bloi-n	verhauen, bläuen
Reiß die zsomm, sunsch muass i di bloin!	Sei brav, sonst muss ich dich verhauen!
Blunzn	Blutwurst; dicke, unförmige Frau
Bluttl	aus den Fugen geratene Dame
Boa(-n)	Bein, Knochen

Boandl	kleiner Knochen
boa(n)**-haggln**	Tiroler Brauch: Auf dem Rücken liegend mit eingehakten Beinen die Kräfte messen
Trausch di boahaggln?	Getraust du dich mit mir …?

boade	beide
Boanagschtell Boandlgschtell	dürre Person
Boandlkråma	sehr dünner Mensch – „Rippengespenst"; der Tod in Person
Boar boarisch s Boarische	Bayer bayrisch das Bayerische = Bayern
Fåhr ma amål ins Boarische aussi?	Machen wir doch einmal einen Ausflug nach Bayern?
a Boarischa	amüsanter Tiroler Tanz mit Partnerwechsel, bäuerlicher Tanz
boassn	schlagen, klopfen

boatn [ZT] syn.: wårtn	warten
Boat a bissl!	Warte doch mal!
Boxal	Kaminwurz, Hartwurst
braach	unbestellt
Brånd	Brand, Durstgefühl nach einem Rausch
Mai, hun i an Brånd!	Ach, hab ich einen Durst!
branntelen	nach Verbranntem riechen
Tuats do nit branntelen?	Riecht es hier nicht nach Verbranntem?
Bratl	gebratenes Fleisch
Bratlfettn	Bratenfett
Brau	Augenbraue
brausn	duschen
Gee di brausn!	Hau ab!
Breasl	Brot- und Semmelkrümel
Breatn, Broadn	die Breite
Sie isch in d`Breatn gångan.	Sie hat stark an Gewicht zugelegt.
Brem	Bremse (ein Insekt)
bremsig	geil, lüstern

Brennsuppn	Einbrennsuppe
brennt	gebrannt, raffiniert, mit allen Wassern gewaschen sein
Deis isch owa a brennts Mandl!	Das ist aber ein raffiniertes Kerlchen!
bresln	bröseln, krümeln
Bretschn	verächtlich für Gesicht, Mund
Brettljausn	Zwischenmahlzeit auf einem Holzteller serviert
Brezn	Breze
Brezngschtell	lächerliche Figur
Hot dea a Brezn-gschtell!	Hat der eine hagere Figur!
Briaftaschn	Geldbörse
Briaftråga	Postbote
britschln	planschen, plätschern

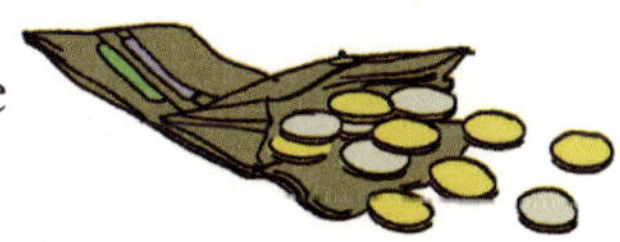

broat	breit
Broc*kch*n	Brocken, Stück, Felsblock
a Brockchn Brot	ein Stück Brot
a Brokchn von an Lota	ein Hüne von einem Mann
dea isch a rechta Brockchn	ein übergewichtiger Mensch
broc*kch*n	pflücken
a Bloam brockchn	eine Blume pflücken
Brodlerin	Leitkuh beim Almabtrieb, -auftrieb
brodln	prahlen
iatz brodlts	jetzt wird´s brenzlig
Bruathenn	Bruthenne; besonders fürsorgliche Mutter
Bruggn	Brücke
Brunzbuschn	vulgär für die Schamhaare der Frau
brunzelen	nach Urin riechen
brunzn	urinieren
brutzln	brutzeln
I hea schu wias brutzlt.	Ich höre schon, wie es brutzelt.
b-scheissn	betrügen

Bschteck — Besteck

Da Pfårra vo Bschlaps håts Bschteck z-schpat bschtellt. — Der Pfarrer von Bschlaps (Ort in Tirol) hat das Besteck zu spät bestellt. (Zungenbrecher)

Bsuuf — Säufer

Wennsch so weita-mochsch, weasch nu zum Bsuuf! — Wenn du so weitermachst, wirst du noch zum Säufer!

Bua, Bui — Bub

Buach — Buch

Bua, les amål a Buach! — Junge, lies doch einmal ein Buch!

Buggl — Buckel, Rücken

Rutsch ma an Buggl owa! — Rutsch mir den Buckel runter!

bugglat — buckelig

buggl-fünfan — Rutsch mir doch den Buckel runter!

Du kunsch mi buggl-fünfan! — Du kannst mich ein- für allemal gern haben.

buggl-kraxn — jmd. am Rücken tragen

Buggl-kraxn — Tragekorb am Rücken

buggln	schwer arbeiten
Heit hun i åwa bugglt!	Heute musste ich aber schwer arbeiten!
buisnweis, boisnweis	manchmal, zeitweise
bu*kch*n	sich bücken; verneigen; koitieren
Bummele, Bummale	Verlustpunkt beim Kartenspiel
Muaß i imma s Bummele håm!	Muss denn immer ich der Verlierer (Benachteiligte, Gefoppte, ...) sein?
Bundl	Kanne
a Bundl voll Grantn	ein volles Kännchen Preiselbeeren
a Bundl voll Bloama	ein Blumenbund
Burgl, Burgi, Burgei (UL)	Notburga, Walburga
Bursch	junger (lediger) Mann, Bursche
Buschn	Busch, Strauß
buschtsigagln	einen Purzelbaum schlagen
Bussl	(flüchtiger) Kuss
bussn, bussln	küssen
I kannt di gråd å-bussln!	Ich würde dich am liebsten abküssen!

Butta Butter

buttan Butter machen

Buttaschmålz Backfett aus geklärter Butter

Butzele Baby, Kleinkind

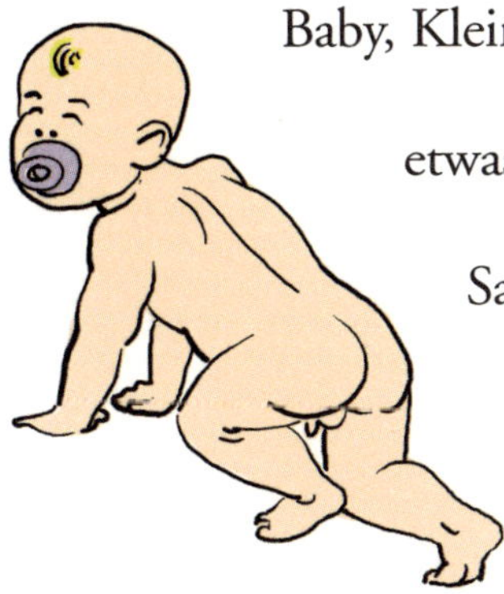

butzig etwas Niedliches; niedlich

Butzn Samengehäuse bei Apfel, Birne, ...

zomp Butz und Schtingl mit allem Drum und Dran

da-bresln	etwas zerbröseln, zerkrümeln
da-fångan	sich erholen, aufrappeln
da-fäuln	verfaulen
da-findn	erfinden, entdecken
da-frian	erfrieren
da-fruan	erfroren
Du bisch owa a Dafruane!	Du hast aber schnell zu kalt!
dafun-laffn	weglaufen
Daggl	Dackel

ålta Daggl	alter Mann
da-grattln	jmd. zornig machen
Da-grattl mi jå nit!	Mach mich bloß nicht zornig!
dahoam, hoam	daheim, heim

da-kugln — zerkugeln; zu Tode stürzen
I kunt mi da-kugln voa lauta Lochn. — Ich kann mich vor Lachen nicht mehr halten.
ea hot sich da-kuglt — Er ist tödlich abgestürzt.

dållgat — ungeschickt, tollpatschig
Du dållgata Bua — Du ungeschickter Junge!

da-loadn — trübsinnig machen
Iatz da-loadats mi nåcha! — Jetzt hab ich aber endgültig genug.

da-longan — erreichen

da-luxn — etwas ausfindig machen; eine günstige Gelegenheit am Schopf packen
Deis wea i eam nu å-luxn. — Das werde ich ihm noch abnehmen.

damisch — benommen, dumm, wütend, verrückt, leicht benebelt (zB nach einem Sturz)
Du damischa Hund! — Du verrückter Kerl!

dampfig — betrunken sein

Dampfl — Vorteig für Germteig; leicht angetrunken sein

Dåmpfplaudara	einer, der viel (meist Unnützes) daherredet, Angeber
dån*kch*-schia, dångschea	dankeschön
dar**-lotta**r**t**	zerfallen, in gebrechlichem Zustand
a da-lottate Hittn	ein zerfallenes Haus
dar**-på*kch*n**	etwas schaffen, aushalten
Deis wea ma schu da-påkchn!	Das werden wir schon schaffen!
dar**-tetschn**	zerdrücken, erschlagen
syn.: da-druckn	
Da-tetsch decht dei läschtige Wepsn!	Erschlag doch diese lästige Wespe!
Deis isch **da**r**-schtun*kch*n** und da-lo(g)n.	eine absolute Lüge

Darwischelex, Dawischalaz	das Fangenspiel
Schpiel ma Dawischalaz?	Spielen wir Fangen?

dar-wischn	erwischen
datschln	zärtliche Berührung
Ge låss di a bissl å-datschln.	Lass dich ein bisschen streicheln.
Dåttamandl	gebrechlicher Mann Bezeichnung für Erdsalamander
Daum	der Daumen
Damm	
daweil	derweil, mittlerweile
I hu(n) koa Daweil.	Ich hab keine Zeit.
da-woartn	erwarten
da-wuuzln	zusammenknüllen
Heit dawuuzlts mi!	Heute wächst mir die Arbeit über den Kopf.
Schaugsch du heit da-wuuzlt aus!	Schaust du heute aber zerknittert aus!
auch: zsomm-wuuzln	einen Knäuel machen
da-zirnan, dazinan	erzürnen
decht (asch)	doch
Hock di decht a bissl zuawa!	Setz dich doch ein wenig her!
deis, sall (OL), sell	das (hinweisend), dies(-es)
Deis isch decht nit wåår!	Das ist doch nicht wahr!
Deis gibs do går nit.	Das darf doch nicht wahr sein.
Deis isch gkchupft wia gschprungan.	Das ist doch einerlei.

deitsch	deutsch
deixln	etwas zuwege bringen, schaffen
Deis wea ma schoa deixln!	Das werden wir schon schaffen!
dengln	dengeln; die Sense schärfen
denngg	links; ungeschickt
Bisch du a Dennga?	Bist du ein Linkshänder?
Tua nit so denngg!	Stell dich nicht so ungeschickt an!
Depp	Dummkopf
deppat	dumm
a deppata Bua	ein dummer Junge
derfn	dürfen
Detschn	Ohrfeige
Diarn	Magd; Aushilfskraft; Mädchen
Diarndl	Mädchen
Diandl Deandl Dianei (UL)	Kleidungsstück
a gschtiaschts Dianei (UL)	ein liebes, nettes Mädchen
diesig	dämmrig, nebelig
Diesl	Fieberkrankheit; Treibstoff
Bauchdiesl	Durchfall

Då weat schu so a Diesl uma sei.	Zur Zeit sind mehrere davon erkrankt.
Dippl	Beule
dirmlig	schwindlig
dischkriarn, diskutian	diskutieren; ein vertrauliches Gespräch führen
Dischkurs	Diskussion, Streitgespräch
Då leigsch di niida!	das ist ja allerhand das haut mich um
doscht, då, dåda	da, dort
Dodl	Trottel
Doggl	Hausschuhe; auch: Dummkopf
Dolm	Dummkopf
Donna	Donner
Doppla	eine Doppelliterflasche Wein
doppln	Schuhe mit einer neuen Fußsohle versehen
Denn kusch untan Gea die Schuach doppln.	Der ist überaus langsam.

Dörcha	Zigeuner
Douzn	kleine Person
letza Douzn	kleines Kind
Douzn-hackn	Brauch bzw. Spiel für Kinder. Ein dicker, kurzer Kreisel, der von den Kindern für einen Groschen in Bewegung versetzt wurde.
„Leitln setzt´s ma an Grosch`n ins Kreasl, mei Douzn hupft wie a Tånnameasl!“	Setzte einen Groschen in die Mitte, mein Kreisel hüpft wie einen Tannenmeise.
draan	drehen
Gemma oan draan?	Gehst du mit mir tanzen?
Du kusch´s draan und wendn wiasd willsch!	Du kannst es drehen und wenden, wie du willst!
Dråchn	Drache
Haus-dråchn	Schimpfwort für böse Frauen
Dråht-esl	Fahrrad
drei, drein	drinnen
drei, drui	drei
drein-**foa**r**n**	eingreifen
Heggschte Zeit, dass ma då amål drei-foan!	Höchste Zeit, dass wir hier einmal nach dem Rechten sehen!
drein-**pfuschn**	sich unerwünscht einmischen
Pfusch ma nit ållaweil drei!	Misch dich nicht dauernd ein!

drein**-redn**	dazwischenreden
Ea låsst si va neamb dreiredn.	Er lässt sich von niemandem etwas sagen.
drein**-schlågn**	drauflosschlagen
Dre*kch*	Dreck, Schmutz, Wertloses
letza Drekch	kleines Kerlchen
Deis geet di an Drekch u!	Das geht dich einen feuchten Kehricht an!
we(g)n jedn Drekch låchn	wegen jeder Kleinigkeit lachen
an Drekch va-schtea	überhaupt keine Ahnung haben
we(g)n jedn Drekch beleidigt sein	Wegen jeder Kleinigkeit beleidigt sein
Dre*kch*-fin*kch*	Schmutzfink
Dre*kch*-schleida	Dreckschleuder, üble Nachrede
Dre*kch*-sau	Schmutzfink

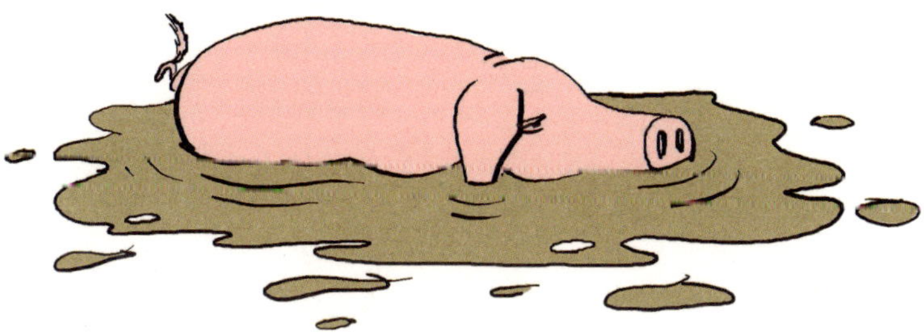

drentn, entn	drüben
drischa*kch*n, drischaggn	jmd. prügeln
driwa	darüber
Dei låsst a an jedn driwa!	Die schläft mit jedem!
driwa-strahn	darüberstreuen
zum Driwa-schtraan nu a Schnapsl	zum Abschluss noch ein Schnäpschen

droum	dort oben
druc*kch*n	drücken; drucken
die Hånd druckchn	jmd. die Hand geben
Druckch di nit ållm!	Drück dich nicht immer (zB vor der Arbeit);
I druckch da glei oane!	Du kriegst gleich eine Ohrfeige!
Du liagsch jå wia druckcht!	Du lügst ja wie gedruckt!
I låss mi va dia nit ållm å-idruckchn!	Ich lass mich von dir nicht immer erniedrigen!
drunta	darunter
Då geets jo drunta und driwa!	Da geht es ja drunter und drüber!
druntn	unten
Du bleids Gfrieß!	Du unsympathischer Mensch!
Du schaugsch jå drei wia a Uhu nåch´n Wåldbrånd!	Was schaust du so belämmert!
duc*kch*n	sich bücken, ducken
dudln	mit einem Blasinstrument dilettantisch musizieren
Dulliöh	Rausch
dumpa, duschta	dunkel, finster
Es wead scho glei dumpa.	Es wird schon bald dunkel.

dunschtn dünsten

Dusl großes Glück; Rausch
So a Dusl! So ein Glück!
So an Dusl! So ein Rausch!

duttln saugen

Duttn Zitze bei Tieren, vulgär für die weibliche Brust

E

ead	öd, fad, schlecht
a eada Hegl	ein unangenehmer, unguter Mann
a eade Gsellin	ungutes Frauenzimmer
Eadäpfl	Kartoffeln
Hosch du Eadäpfl im Såck!	Du hast aber Glück!
Eadäpfl-wierla	Kartoffelsterz
Earöpfl a da Schåle (ZT)	gesottene Kartoffel s. a. „Schelfala“
ee	Zustimmung, richtig
Woasch ee!	Das weißt du ja ohnehin!
Ee klåa!	Ist doch sonnenklar!
egschtrig, egstrig	extra, besonders
Gråd egstrig!	Jetzt erst recht!
Egstrawuarscht	Wurstsorte
Muasch allaweil a Egstrawuascht håm!	Du musst wohl immer Sonderwünsche anmelden!

Eia-pec*kch*n — Osterbrauch: Gekochte Eier werden aneinander geschlagen. Derjenige, dessen Ei ganz bleibt, gewinnt.

Eia-schädl — Schimpfwort

Eia-schpeis — Rührei

Eia-schwammal — Pfifferling

ei-broc*kch*n — einbröckeln; sich oder jmd. in eine unangenehme Sache bzw. Situation bringen

eifan — eifersüchtig sein

eigln — äugen, neugierig schauen
Wea eiglt'n då eina? — Wer schaut denn da so neugierig herein?

eina — herein

eina-schaugn — hereinschauen, besuchen
Schaug hålt auf an Schprung eina! — Komm doch auf ein Sprünglein herein!

Ein-brenn — in Fett geröstetes, aufgegossenes Mehl, zB für Brennsuppe (= Einbrennsuppe)

ein**-faatschn**	verbinden (einer Wunde)
Faatschn	Mullbinde; Fasche, Binde

Muaß i di ei-faatschn?	Soll ich dich verbinden?
ein**-gschpritzt**	leicht betrunken

ein**-haun**	sich einschmeicheln; große Mengen gierig verschlingen
Eini-raunza	Schleimer, Schmeichler
eini-tåan, eini-tian [ZT]	„hineintun“, hineingeben
eini-tåppn	in die Falle gehen
Sei gscheit und tåpp nit eini!	Sei klug und fall nicht drauf rein!

eini-theatan	hineinziehen, hineinsteigen
I loss mi decht nit eini-theatan!	Ich lass mich da nicht hineinziehen.
eini-tunkn	jmd. in eine Sache hineinziehen, jmd. beschuldigen
Håsch du mi då so eini-tunkt?	Hast du mich in dieser Angelegenheit so schlecht gemacht?
ein-såafn	einseifen; jmd. betrunken machen
insoafnen	jmd. hineinlegen
Den wea ma heit amål teiflisch ei-såafn!	Den werden wir heute einmal so richtig betrunken machen! auch: zu überreden versuchen
ein-scheim	mit Handschlag etwas vereinbaren
Scheib ein!	Schlag ein!
ein-schiabm	„einschieben"; einstecken
ei-påppm	jmd. fürsorglich pflegen
e<u>i</u>s	ihr
Eisgålln	eisige Stelle
Bisch auf da Eisgålln aus-gschlipft bzw. aus-kruutscht?	Bist du am Eis ausgerutscht?
Eis-*kch*lachl	Eiszapfen
en*kch*	euch
En*kch*l	Fußknöchel

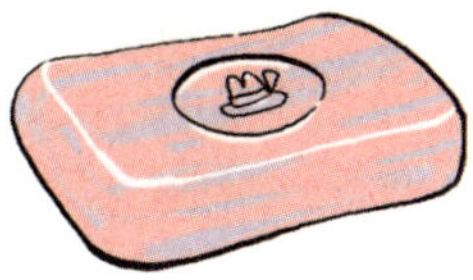

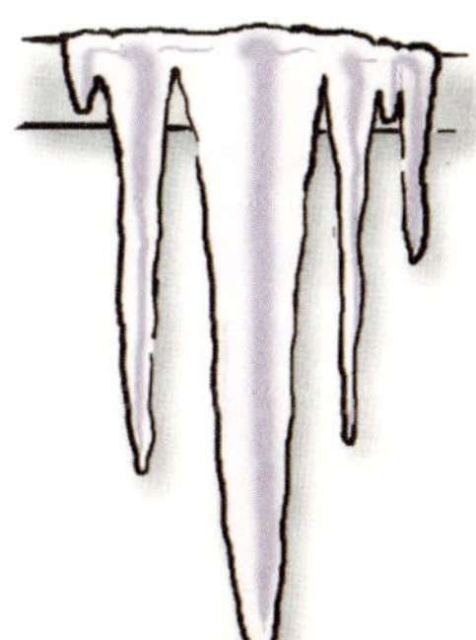

entn, ent, entabei, entahålb	drüben
Entriga	jmd. von drüben
Enzian	Gebirgsblume; auch: Enzianschnaps aus der Wurzel des gelben Enzians gewonnen
eppa	denn, etwa, womöglich
Wås moasch eppa du?	Was glaubst denn du?
eppas	etwas
Håsch eppas gsåg?	Hast du etwas gesagt?
erscht, eascht	erst
etla	etliche
an etla Tåg	einige Tage

F

faad	langweilig
faade Nockn, Sumsn	langweilige Person
Faadian	Langweiler
So a Faadian!	
faal	falsch
du geesch faal	du liegst falsch
fåån, foarn, foon	fahren
I fåa mit dia ums Egg!	Ich werde es dir schon zeigen!
fåchn	fangen
Veigl-fåchn gia ma heit ...	Vögel fangen gehen wir heute ... (Beginn eines Tiroler Liedes)
Få*kch*	Schwein
Fackl	Ferkel
Facklsau	Muttersau

Få*kch*ala, Fokkala	unsauberer, unsittlicher Mensch
Du bisch so a Fåckchala!	Du bist ein Schmutzfink!

Fådn	Faden, Zwirn; Kälte
Heit håts åwa an morts Fådn.	Heute ist es aber besonders kalt.
fairig, foirig, fuirig	feurig
Faschiaz	Hackfleisch
Fåschingskråpfn	Germgebäck (zur Faschingszeit, bzw. Karneval)

fasln	Nichtssagendes/Unwahres reden
Fasl nit so vill!	Red nicht so viel dummes Zeug!
Fåsnåcht	Fasching, Carneval;
Fauscht	Faust
Faxn	Blödsinn; Dummheit
Måch koane Faxn!	Mach keinen Blödsinn!
feacht, feascht(UL)	letztes Jahr, früher
fearngln	lästig sein; reiben, wetzen, schaben; sich mit etwas intensiv beschäftigen
Mei Ålta isch a letza Feiara, dea håt dauand dahoam wås z`feangln.	Mein Mann ist absolut kein Partylöwe, der werkt lieber intensiv zu Hause herum.
Fearschn	Ferse
feascht	früher, damals

fechtn — fechten; betteln
Hea amål auf fechtn! — Hör endlich auf zu betteln!

Feia — Fest

Feia-åmnd — Feierabend

Feiara — Partylöwe

Feichtn — Fichte

Feigala — Feigenkaffee

feigln — unsicher sein
Då feiglts mi. — Da bin ich mir unsicher.

Feinschpitz — Feinschmecker

Feischtling — Fäustling

Feitl — Klappmesser

Fenschta — Fenster

fenschtalan gea/gian — Das Fenster zum Schlafgemach der Angebeteten bzw. einer heimlichen Liebschaft aufsuchen, oft unter abenteuerlichen Umständen, meist mit dem Vorhaben, in trauter Zweisamkeit das Bett zu teilen.

Fenschta-luc*kch*n	Fensterladen
fesch	hübsch
a fesche Gitsch	ein hübsches Mädchen
feschtig	fertig
Fettn	Fett; Rausch
Håsch du owa a Fettn!	Hast du aber unverschämtes Glück!
Gea leckch di Fettn!	Das ist nicht zu glauben!
Fettnbruada	ein Glückspilz
Fetza	kurzer Regen
fetzalan	nach Urin riechen
Fetzkåchl	Nachttopf
fetzn	urinieren
Fetzn	Lappen, Tuch; Rausch; ein Nichtgenügend in der Schule;
Iatz hun i schåa wieda an Fetzn.	Jetzt habe ich schon wieder ein Nichtgenügend (einen Rausch)
fia	für
fiabarn, fiawan	fiebern; etwas ungeduldig erwarten, begehren
Heit fiawasch owa!	Heute bist du aber besonders ungeduldig!

Fidl — Violine, Geige

fidln — Geige spielen; bravourös beim Fußball dribbeln

figgn — Ausdruck für Geschlechtsverkehr

figgrig — nervös, zappelig, erwartungsvoll
Bisch heit owa figgrig. — Bist du heute aber zappelig.

Fill — Fülle für eine Speise

Filz — ungepflegte Haare

Fimml — Leidenschaft, Tick, Marotte
Wås håschn gråd faroan Fimml mit dei̱ Fetzn. — Für dich gibt es wohl nichts anderes als Kleidung.

firchi, fircha, firi — vorne, nach vorne, hervor, heraus
Gee firi! — Geh nach vorne!
Kimm fira! — Komm heraus!

Fisoln — grüne Gartenbohne

Fix laudan! — Fluchwort
Fix laudan, a Ruah iatz! — Verdammt noch mal, Ruhe jetzt!

fizln — klein, unleserlich schreiben, genau und übervorsichtig arbeiten
Fizl decht nit so, sunscht kunn i's nit lesn! — Schreib nicht so klein, sonst kann ich es nicht lesen.

flåc*kch*n gemütlich liegen, sitzen
Flåckch di hea do! Setz dich her!

fladan stehlen
Bei mia gibs nix zum Fladan! Bei mir gibt's nichts zu stehlen!

flaggisch unanständig, schweinisch
Tua nit so flaggisch! Benimm dich nicht so ordinär!

Flåschn Flasche, Ohrfeige

Flausn dumme Angewohnheit
I wea da deine Flausn schu nu aus-treim! Ich werde dir deine dummen Angewohnheiten schon noch austreiben.

Flaxn Sehnen beim Fleisch
Deis sein jå lei Flaxn! Dieses Stück Fleisch besteht ja nur aus Sehnen!

Fleach Flöhe

Flec*kch*al kleiner Fleck, Stoffrest

Flec*kch*alteppich aus Stoffresten gewebter Teppich

flec*kch*at fleckig

Flenggn kleines Stück
an Flenggn aussa-reißn ein kleines Srück herausreißen

Fliag o! Hau ab!

fliagn	fliegen
Fliagn	Fliege
Flian(g)schiss, Floin(g)schiss, Fluignschiss	Fliegenscheiße; etwas extrem Kleines, Unbedeutendes Sommersprossen (scherzhaft)
Floin(g)tatscha Fluigntatsch (OL)	Fliegenwedel
Fliitschn	leichtes Mädchen;
Flitschal	Schlampe
Dei isch owa a Fliitschn!	Sie ist aber eine Schlampe!
Flinsal	Flinserl, kleiner Ohrstecker, Schneeflöckchen
Floach	Floh
flumsn	jmd. hauen
Flumsn, Flumsa (OL)	Ohrfeige
Kriagsch glei a Flumsn	Du wirst gleich eine Ohrfeige kriegen!
foal hå(b)m, biatn	etwas zum Verkauf anbieten
Håsch deis Kalbl foal?	Verkaufst du dieses Kalb?
Deis isch ma nit foal.	Das will ich nicht verkaufen.
Foam, Fuam (OL)	Schaum bei Milch, Bier
Foamas (ZT), Vormas	Frühstück
foamasn	frühstücken

foascht, foast (UL) — feist, dick, fett
a foaschts Diandl — ein molliges Mädchen
a foaschte Fåckch — eine fette Sau

foppm — necken, zum Narren halten
Fopp mi nit ållm! — Halte mich doch nicht immer zum Narren!

Fotzn, Foz — Gesicht; Ohrfeige
ziach nit so an Foz — mach nicht so ein langes Gesicht
a liabe Fotzn — ein nettes Gesicht

Foutzhobl — Mundharmonika

Frås — schlechtes Essen; geschmacklich oder optisch undefinierbare Speise

fratschln — jmd. neugierig ausfragen

Fratschlweib — neugierige Tratschtante

Fråtz — ungezogenes Kind

Freind — Freund

Freindalwirtschåft — Wenn Freunde gegenüber anderen bevorzugt werden

fremdn — wenn sich Kleinkinder vor Fremden fürchten, Scheu zeigen

Fria, Frua — Frühe, Morgen
in da Fria — am Morgen

Fritattn — streifenförmig geschnittener Pfannkuchen (Suppeneinlage)

froah, frua — froh

Fuada — Futter; Fuhre
a Fuada Hei — eine Fuhre Heu

fuahr-werkn — dilettantisch hantieren
Wos fua-werksch denn so ummadum! — Was treibst du denn hier für eine dilettantische Arbeit!

Fuaß, Fiaß, Fuess — Fuß, Füße
I moch da Fiaß! — Ich werde dir schon Beine machen!

Fuata — Futter; Futteral

fuatan — füttern, essen

fuchtig — zornig, nervös, erbost
Moch mi nit fuchtig! — Mach mich nicht zornig!

Fuchtl — herrschsüchtige Frau

fuchtln — unruhig mit den Händen agieren

Fummel nervöse Dame

Fun*kch*n Funke

a blede **Funsn** eine unsympathische Frau

furzn einen Körperwind von sich geben, furzen

futsch kaputt, jetzt ist alles aus

Iatz isch alls futsch! Jetzt ist alles aus!

Fux passn Wenn Väter ungeduldig auf die Geburt ihrer Kinder warten

fuxat rothaarig, rötlich

fuxn necken; ärgern

Hait fuxts mi owa Heute klappt aber auch gar nichts

G

gaach — schnell, plötzlich

owa — aber
iats — jetzt
gaach — sofort

an — einen
Gaachn — Wutanfall
kriagn — haben

gaaling (-sch) — mit der Zeit, nach einiger Zeit
Gaaling weads schu wiida wean! — Mit der Zeit wird alles wieder gut!

Gaatsch — breiiger Dreck, Kot
Schteig decht nit ållaweil in Gaatsch! — Tritt doch nicht ständig in den Dreck!

gåggezn — stammeln, stottern

Gågglwerch — minderwertige Arbeit

gamsig — geil

Gangga, Ganggalar	kleiner Teufel, Krampus; scherzhaft für kleines, lebhaftes Kind
gårazn	krächzen; knarren
Gårezer	Stöhner, Ächzer
Gåtz	Schöpflöffel
Gaudafescht	Frühlingsfest in Zell a. Z. am ersten Sonntag im Mai
Gaudi	Spaß, Vergnügen

Måch ma ins a Gaudi!	Machen wir uns einen Spaß!
gchearig	angenehm
a gchearige Musi	ins Gehör gehende Musik
Gee, hea ma auf!	Ach, lass das doch!
Gee, le*kch* mi!	Ja, gibt´s denn sowas?

Gearschtl — Gerste

Geaschtlsuppn, Gaspragsuppn (OL) — Gerstensuppe

Du schaugsch aus wia a gspieme Geaschtn. — Du schaust aber heute elendiglich aus.

gebm — geben

du gibsch — du gibst

ea gibb (geit-UL) — er gibt

Geila Schpechtla! Geila Zåpfn, geila Specht! — Geiler Spanner! lüsterner Mensch

Geiß, Goaß — weibliche Ziege

gell, gall, ne — nutzlose Füllwörter, sie hilft dem Tiroler beim Überbrücken von Denkpausen

Geltsgott! — Dankeschön

Gemma! — Gehen wir jetzt! Mach weiter, aber rasch!

Germ	Hefe
geschtarn	gestern
Gfaar - Glass *Håb nit so a Gfar und måch nit so a Glass!*	übertriebenes Getue, tu nicht so übertrieben
gfierig - ungfierig	praktisch - unpraktisch
Gfrett *Mit dia isch`s a Gfrett*	Problemsituation Mit dir gibt es immer Schwierigkeiten
Gfrieß *a grantigs Gfrieß måchn*	Gesicht schlecht gelaunt ausschauen
giahn, geahn (UL)	gehen
Giftla	Drogensüchtiger, Giftler
giftn *Kunn mi deis giftn!*	sich über etwas ärgern Kann mich das ärgern!
Giggalar, Goggl	Hahn
giggln	gucken
Giitsch	Mädchen
gixn	hohe, unangenehme Töne von sich geben
Glaatsch	Schneematsch, weicher Boden

glabm, glaam	glauben
I glaab da nix mea!	Ich glaube dir nichts mehr!
glanggln, glaggln	etwas locker, nachlässig nehmen; schlottrig, träge gehen
Låss lei nit glaggln!	„Lass nur nicht nach!“
glei	gleich - mit kurzer Wartezeit
I kimm glei!	Ich komme gleich!
gleiga	beinahe
gleim	fest, zäh
Gloapats	Speisereste, Übriggebliebenes
Deis Gloapate kunsch da selba essn!	Diese Speisereste kannst du selber essen!
Gloggn	Glocke, Glöckchen
g-långan	gelangen, reichen
Glång ma die Gåtz umma!	Reich mir doch die Schöpfkelle herüber!
Miar g-långts!	Mir reicht´s!
glåtzat	glatzköpfig, glatt
glåzate Reifn	Autoreifen ohne Profil
Glåtzata	Glatzkopf
Gluat	Glut
Schaug auf die Gluat.	Pass auf dic Glut auf!
gluat-ruad	glutrot
a gluat-ruade Bian	ein hochroter Kopf

glu*kch*arn | das Schreien der Henne bevor sie das Ei gelegt hat

Glumpp, Glumppat | wertloser Plunder

gluuschtig | auf etwas Lust haben, etwas wollen

gmiatlich | gemütlich, bequem
Måch da`s gmiatlich! | Mach es dir bequem!

Gnagg | Nacken, Genick
Du weasch mi glei im Gnagg hom! | Du wirst mit mir gleich Probleme bekommen!

Gneat | Eile
an morts Gneat | in großer Eile

gneatig | eilig

gneissn | etwas überlauern, erkennen
Bitzgneissa | Schnelldenker

Goaß — Ziege, Geiß

Goaßa — Ziegenhirte

Goassl — „Geißel“; Peitsche
Goasslschnålzn — Brauch, um das Frühjahr zu begrüßen bzw. den Winter zu vertreiben

Göd — Pate

Goda — Kropf; Gurgel

Godl — Patin

Godlbrot — Brot, das der Pate seinem Patenkind zu Ostern und Allerheiligen schenkt (Tiroler Brauch).
Godlbreiz

goggezn — gackern

Goggl — Gockel, Hahn

Gogl — Kotknollen, Exkrement, scherzhaft für Kinder, kleiner Mensch, Knirps
Du letza Gogl

Goißera — schwere spezielle Bergschuhe

Gåltviech, Galtling — Jungrind, das noch keine Milch gibt

gorezn — knarren

goschat — frech, vorlaut
Sei nit imma so goschat! — Sei nicht immer so vorlaut!

Goschn — Mund
Mei, dea håt a Goschn — Mensch, der hat ein Mundwerk

Gotz (-n), Gotza (OL) — Schöpflöffel

Graffl, Grafflwearch — unbrauchbarer, wertloser Plunder

Grallele — Kügelchen
a Grallele fålln låssn — ein Kügelchen (der Rosenkranzschnur) fallen lassen

Grammln, Gruipn (OL) — Griebe, Grammeln

g-rammlt — gänzlich voll, randvoll
a g-rammelt volle Hitt'n — eine bis zum letzten Platz gefüllte Hütte

grantig — schlecht gelaunt, sein

Grantscher(b)**m** — schlecht gelaunter Mensch; Misanthrop

Grantn — Preiselbeeren

Grapscha — unangenehmerm aufdringlicher Zeitgnosse mit sexueller Fixierung auf kompromitierende Berührungen (strafbare Handlung)

grapschn — jmd. in intimer Absicht berühren, sexuell belästigen, ausgreifen

Låss dei̲ Grapscharei! — Greif mich nicht so an!

Gratn — Fischgräte
Pass auf die Gratn auf! — Gib auf die Gräten acht!

Gråttn — Karren; altes Fahrzeug
Gråttlbeg — Schubkarren

Graukaas — Graukäse

graupat — gefleckt
a graupate Kua — eine gefleckte Kuh

Grausbiarn — Ekel, Grausen
Mia schteign die Grausbian auf, wenn i di siech. — Mir graut vor dir, sobald ich dich sehe.

grawuttisch — zornig, böse
Måch mi nit grawuttisch! — Mach mich nicht wütend!

greaschtate Eadäpfl — geröstete Kartoffeln

Greaschtl — geröstete Kartoffeln mit Fleisch oder Wurst

Greggala	kleiner Bub
a greggats Mandl	klein gewachsener Mann
Greißla	Krämerladen
grian, grea	grün
Grianzeig, Greazeig	Gemüse und Kräuter
griasln	schleimen, einschmeicheln
Bei miar brauchsch di nimma ei-griasln!	Bei mir hast du keine Chance mehr!
Griaß di	Ich grüße dich.
Griaßd **en*kch*** [ZT]	Ich (wir) grüßen euch.
Griffl	Finger, Schreibgerät
Grind	Kopf
Håt dea an Grind!	Hat der aber einen Dickschädel!
gripfn	mit den Fingernägeln zupfen und zwicken
Grischpale	kleiner, schwächlicher Mensch
Wås mecht denn deis Grischpale vo mia!	Was will denn dieser Schwächling von mir!
Grivis-gravis	Durcheinander
So a Grivis-gravis!	
gruaß-kopfat	großtuerisch
Heit tuasch owa gruaß-kopfat!	Heute gibst du aber an!

gråd — gerade, nur, bloß
Wås håsch denn gråd tu? — Was hast du denn bloß gemacht?

Groiggn, Groippn — Grammeln, Grieben

Groschn — Groschen, (=ehem. österreichische Währungseinheit)
Isch da Groschn iatz gfålln? — Hast du es jetzt endlich kapiert?

Gröschtl, Greaschtl — Gericht aus geröstetem Fleisch, Zwiebeln und Kartoffeln

gråsn — weiden
Die Kia gråsn auf da Alm. — Die Kühe grasen auf der Alm.

gråtn — geraten, gelungen
Deis isch guat gråtn. — Das ist ja gut gelungen.

Gråttn — zweirädriger Karren, Auto (eher abwertend)
So a schiacha Gråttn! — So ein hässliches Auto (Gefährt)!

Gruamat, Gråmat — 2. Schnitt beim Heu
Håsches Gråmat schu ei-tu? — Hast du die 2. Mahd schon eingebracht?

Grufti — Ein aus jugendlicher Sicht „alter“ Mensch (oft schon ab 30)

Wos tuatn dea Grufti in da Disco? — Was hat denn dieser Alte in der Disco verloren?

Gruschpl — Knorpel

Gsatzl — Rosenkranzabschnitt
nu a Gsatzl bettn — noch ein wenig beten

gschaffltln — sich einmischen, wichtig machen
Gschaffltlhuawa — Wichtigtuer

gschammig — schüchtern

Gschea — Plagerei, Mühe; Gefolge

wia da Hea so`s Gschea — wie der Herr so sein Gefolge

g-scheart	primitiv
a g-scheate Goschn	ein ordinäres, übles Mundwerk
Gschiar	Geschirr
Gschisti-Gschasti	Aufhebens machen
Måch kåa Gschisti-Gschasti!	Mach keinen Wirbel wegen nichts!
Gschlåda, Gschlada (= „Hansl“)	abgestandenes Getränk, zB Bier
Gschlamp	Schlamperei
a gschlåmpats Ugricht	schlampige Verhältnisse
gschlaucht	überanstrengt, k. o. sein
Du schaugsch owa hibsch gschlaucht hea!	Du siehst heute aber einigermaßen mitgenommen aus!

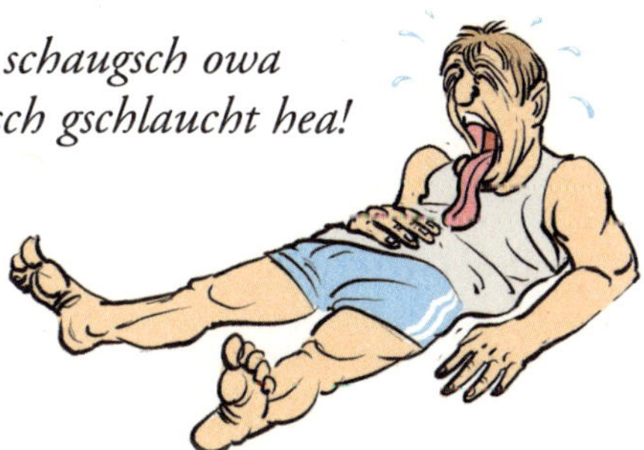

gschleinen	sich beeilen
Gschlein di!	Beeil dich!
Gschmå*ckch*	Geschmack, Geruch
gschmachig	schmackhaft, schmeichlerisch
Tuasch du heit owa gschmachig!	Hast du heute aber ein süßliches Getue!
gschnåchts [ZT]	abends

g-schprissn — eingebildet, überheblich
Tua nit so g-schprissn! — Gib dich nicht so überheblich!

Gschpritzta — Wein mit Soda (sauer) oder Limonade (süß) aufgespritzt
a siaßa oder a saura Gschpritzta

Gschpualn, Gschpualag (OL) — Schweinefutter aus Essensabfällen

Gschpusi — Liebelei, Affäre
Håsch du mit da Susi a Gschpusi? — Hast du mit Susi ein Ver hältnis?

Gschroa — Geschrei

Gschråppn — Kinder
Wiaviel Gschråppn håschn du? — Wieviel Kinder hast du denn?

Gschtack — unnötiger Wirbel
Måch kåa Gschtack! — Mach keinen Wirbel!

Gschtanzl — gesungener, zwei- bis vierzeiliger Scherzreim

Gschtell — Gestell, Figur
Taifl nu amål eini, dei håt owa a geils Gschtell! — Mensch, die hat aber eine tolle Figur!

gschtiascht — nett, herzig, lieblich
a gschtiaschts Dianei — ein sympathisches, liebes Mädchen

Gschtudiarta	Akademiker
Gschwafl	Gerede
Deis isch jå ålles lei a Gschwafl!	Das ist ja alles nur leeres Gerede!
gschwind	schnell, geschwind
Gschwista-kind	Cousin(e)
Gselchts	geräuchertes Schweinefleisch, Geselchtes
Gsellin, Gsöin (UI)	Frau
gsolzn	gesalzen
de Preise sein aber gsolzn	diese Preise sind aber heftig überhöht

gsurt	gepökelt
Gugga	Fernglas, Operngucker
Guggug	Kuckuck
Guglhupf	Mehlspeise
gunnan	gönnen, vergönnen
Gunn da selwa hålt a amål wås!	Vergönn dir doch selber auch einmal was!
Gusto	Lust, Verlangen nach ...

Hatt i iatz an Gusto auf eppas Rasses!

Hätte ich jetzt Lust auf etwas Scharfes!

Gutele — Bonbon, Schleckerei, Naschwerk

Gwasch	Geschwätz, Klatsch
So a Gwasch!	So ein Gewäsch!
g-wohnen	wahrnehmen, bemerken
I hun di gor nit da-gwohnt!	Ich hab dich gar nicht bemerkt!
G-wundaloch	besonders neugierige Person
g-wundrig	neugierig

H

haal — glatt, rutschig

haatschn — schleifend, schleppend gehen

haban, hawan — essen
I brauch schleinigst eppas zum Haban! — Ich brauche dringend etwas zu essen!

Habera
Hawara — Lebensgefährte, Freund, Mann
Kcheat dea Hawara zu dia? — Ist das dein Freund?

Hådarn — Lumpen

Hafal-schuach — grobe Halbschuhe

haftig — heftig, ungestüm; eifrig; schlimm

haggln — streiten, auch: arbeiten, essen

Haggl ziachn — Eine beliebte Form des Kräftemessens: Man(n) sitzt einander am Tisch gegenüber; mit eingehängtem Mittelfinger müssen die

	beiden Gegner mit aller Kraft versuchen, den Kontrahenten „über den Tisch zu ziehen“.
Haibrunza	Feigling
Haigeign	langer, dünner Mensch
haign	Heu einbringen
Hallodri	Tunichtgut, Herumtreiber
hamisch	heimlich; tückisch
Handschig	Handschuh
Du Handschig!	Du Versager!
Hansl	Hänschen; abgestandener Bierrest
Den Hansl kunsch da selwa saufn!	Diesen abgestandenen Rest kannst du selber trinken!
hansln	hänseln
hantig	bitter, herb schmeckend
a hantigs Weiwass	mürrische, unverträgliche Frau
a hantiga Gschmåck	ein herber Geschmack
happarn	fehlerhaft
Då happarts rund umadum.	Es fehlt an allen Ecken und Enden.
harb	herb, deftig

Haring	Hering
Harrdi gatti!, Harrschdi!	Herrschaft nochmal! (ein Ausruf des Zorns)
Hascher, Ascharl	bedauernswerter, armer Tropf
hatschat	hinkend, schleppend gehen; nicht ganz in Ordnung
a hatschate Såch	eine ungute Angelegenheit
deis isch a Hatscha!	das ist eine lange Wanderung!
Hau o!	Geh weg!
Håwagoaß	Tiroler Sagengestalt
Haxn	Beine
I måch da glei Haxn!	Ich mach dir gleich Beine!
Heach	Höhe
Heana-aug	Hühnerauge
hea-putzn	kaputt machen, zugrunde richten
du putsch di jå nu selwa hea!	Du richtest dich noch selbst zugrunde!

heara-werts, hearawertig	umgänglich, auf die Menschen
hearewachts (OL)	zugehend
a hearawertigs Mandl	ein leutseliges Kerlchen
Iatz geets schu wieda hearawärts!	Jetzt geht es schon wieder besser!
hear-reissn	hergeben
Reiss hea die Klåmpfn!	Gib die Gitarre her!
Heaschd, Heat	Herd
Heb-schteckn	Eisenstange zum Halten
Mit mia håsch ålm an Hebschtekchn!	Zu mir kannst du jederzeit um Hilfe kommen!

Hegl, Heigl	Anrede für einen Mann,
a beariga Heigl	Burschen, ein toller Bursche
Hei	Heu
Håbs eis s`Hei schu ei-tu?	Ist das Heu schon eingebracht?
Heihupfa	Heuhüpfer, Heuschrecke
heiln	heulen, weinen
Hea decht amål au(f) zum Heiln!	Hör doch endlich auf zu heulen!
heirta Schädl	ein starrsinniger Mensch, Sturschädl

Heisl, Häusl (ZT) — kleines Haus; WC in einer kl. Holzhütte im Freien

i geah aufs Heisl — ich gehe aufs Klo (WC)

Heisl-baua — jmd., der sein Haus (im Eigenbau) errichtet

heit, heint (UL) — heute

Heiter — erbarmungswürdiger Mensch, armer Tropf

dea årme Heita

Hemmat — Hemd

a lässigs Hemmat — ein modisches Hemd

Henna-schteign — Hühnerstall; Hühnerleiter; scherzhaft für Bett

herbschtelen — der Herbst naht

herentn — hier, herüben

Herzkaschpal — Herzinfarkt

I muaß mi niedahockn, sunsch kriag i nu an Herzkaschpal! — Ich muss mich setzen, sonst bekomm ich noch einen Herzinfarkt!

Hetz — Spaß

Mạch ma ins a Hetz! — Machen wir uns einen Spaß!

hetzig — lustig

Heuschne*kch* — Heuschrecke

Hiafla, auch: Stiefla — Gestänge zum Trocknen von Gras

hian-rissig — dumm

hian-vabrennt — w. o.

hian-schwånga — w. o.

Hias — Matthias

du Hiasl — du dummer, ungeschickter Mensch

hiatn — hüten

Hiatabua — Hüterjunge

Håltabua — Almhirt

hibsch — ziemlich

hii — hin

hiin (-ig) — tot, kaputt

Mai, bin i hii! — Oje, bin ich fertig!

Iatz isch ålles hin! — Jetzt ist alles kaputt, vorbei!

hildarn — hallen

Himmltati — Gott (in der Kindersprache)

hint außn — hinter dem Haus

I gee hint außi. — Ich nehme den Hintereingang.

hintafotzig — hinterhältig, verschlagen

hintn-nåch (-i) — hinterher

Hintn-noch håsch leicht gscheit sein! — Hinterher weiß man immer alles besser!

Hittn — Hütte

hoach - heacha - am heggschtn — hoch - höher - am höchsten

hoagaschtn — sich gemütlich unterhalten

hoaggl (-ig) — heikel

So a hoaggla Kropf! — So eine heikle Person!

hoaln — heilen

Hoam	Heim
hoamalan, huamelen (OL)	sich wie zuhause fühlen, sich an die Heimat erinnern
Hoamatl	Elternhaus, Anwesen
hoam-geign	mit Spott abziehen lassen
hoam-leichtn	heimleuchten; jmd. verjagen

Hoam-reara	jmd., der unter starkem Heimweh leidet
hoam-suachn	einen Krankenbesuch machen; sterbenskrank sein
Hoangascht, hoangaschtn	Plauderei, plaudern
Hobadaxl	Eidechse
Hoblschoatn	Hobelspäne

hoc*k*c*h*n — sitzen

Bleib hålt no a bissl hockn! — Bleib doch noch ein wenig hier!

Hockch di hea do! — Nimm bitte Platz

Hådalump — früher: Lumpensammler
heute: Flegl, Schlitzohr,
leichtfertiger Mensch

Hågmoar (ZT) — der stärkste Bursch, Raufer (Ranggler) des Ortes

Da Hågmoar bin i! — Der Stärkste bin ich!

Hola — Holunder

Red koan Hola! — Red keinen Unsinn!

Holamandl — Holunderkoch

hålsn — umarmen

Låss di hålsn! — Lass dich umarmen!

Hålts zsåmm! — Halte den Mund!

Håntala — Hilfsarbeiter, Taglöhner

Hopfnstångn	Hopfenstange;
	eine übergroße, schlank gewachsene Frau
hoppala	oje; sich entschuldigen
Hås	Hase
a guata Hås	ein hübsches Mädchen
håst, håsch	du hast
Håsch mi?	Hast du mich verstanden?
Housnkraxn	Hosenträger
Housnlåtz	bei Bedarf wegklappbarer Vorderteil der traditionellen Lederhose, vorteilhaft bspw. beim Urinieren
Huat, Hiatl	Hut, Hütchen
hudln	schusseln
Lei nit hudln, weil vom Hudln kemman di Kinda.	Nicht schusseln, sonst geht alles schief.
Hupfa, Hupfale	Hüpfer, kleiner Sprung
Bis då aufi isches jå ee lei a Hupfa.	Bis da hinauf ist es ja ohnehin nur ein Katzensprung
huppelen, hoppelen	ein Baby auf den Arm nehmen, herumtragen

Huscha — „Dachschaden“
Du håsch woll an Huscha! — Du bist wohl verrückt!

huschn — unter die wärmende Decke kriechen

hussn — hetzen, jagen
Huss nit ållaweil! — Hetze doch nicht immer!

hutschn — schaukeln

Huttla — Gestalt im Faschingsbrauchtum; schlampig, nachlässig gekleideter Mensch

Huttn — wertloser Stofffetzen; Hadern, Lumpen, Fetzen; scherzhaft für Kleid
Håsch schu wieda an Huttn! — Bist du schon wieder betrunken!
Red koan Huttn! — Red keinen Unsinn!

I

iam, eam	ihm, ihn
iandar, eanda	eher
Eanda låss i mi umbringen, åls dass i nåchgib!	Eher lass ich mich umbringen, bevor ich nachgebe!
iatz (-at)	jetzt
ibadriba sein iwadriwa s.	besonders gut drauf sein, ausgelassen sein
iba-zuggan, iwa-z. iba-reißn	etwas kapieren, erkennen
Innschbruc*kch* Innschbrugg	Innsbruck, Tirols Landeshauptstadt („Innbrücke“)
Isch nit wåhr!	Das ist doch gar nicht möglich!
I-tipfla	Pedant
Bisch du a I-tipfla?	Bist du ein Pedant?
iwahaps	überhaps, überstürzt

J

Jaga	Jäger, Weidmann
Jagatee, Jagatea	beliebtes, stark alkoholhältiges Heißgetränk (auf der Skihütte)
Jaggn	Jacke
Leichsch ma nit dei Jaggn?	Borgst du mir deine Jacke?
Jangga	dicke Weste, Jacke
Jauchn, Sur	Jauche
Jausn	Zwischenmahlzeit
Jessas!, Jessas-Maria!	erschrockener Ausruf
Jå, mi leksch!	Ausruf des Erstaunens: „Das gibt´s doch gar nicht!“
Jå, spinnsch iatz?	Bist du jetzt total übergeschnappt?
Joar	Jahr
Deis Joar isch owa gaach ummagångan!	Dieses Jahr ist aber rasch vergangen!

Jogg (-l), Joggele, Jågg — Jakob (Verkleinerungsform)

Joppn — Jacke

Jörg — Georg

Juchaza — Jauchzer
Iatz muass i owa an Juchaza å-låssn! — Jetzt muss ich aber (aus Freude) einen Jauchzer ertönen lassen!

juchizn, juchezn — jauchzen

juschtament — justament; jetzt erst recht
... gråd juschtament — gerade zufleiß

Jux — Spaß
Deis isch jå lei a Jux! — Das ist ja nur Spaß!

K

Kaas	Käse
kaasn	Käse herstellen
kaasig	blass, käseweiß, bleich
a kaasigs Diandl	ein blasses Mädchen
Kaas-Zettl	Notizblatt
kaffn, koufn(OL)	kaufen
Kålwa-kua	trächtige Kuh
Kampl	Kamm
Kanari	Kanarienvogel
I hu an Kanari!	Ich bin betrunken!
Kapo	Anschaffer, Chef
Karfiol	Blumenkohl
Karracho, Karree	hohes Tempo
mit volln Karracho å-haun	mit einem hohen Tempo davonfahren

Karwendl	Lavendelkraut; Thymian; bedeutendes Bergmassiv in Tirol
Kåschtala	Schnaps für besondere Anlässe
Kåtz	Katze; auch Murmeltier
katzln	eine Katze wirft Junge
deis isch fia die Kåtz	das ist vergebens
Katzlmåcha	abwertende Bezeichnung für Italiener (von „cazza"= Gatze, Pfanne) weil früher oft Italiener als Pfannenflicker in Tirol weilten
Kåtznschwoaf	Schachtelhalm
Kearndl-fressa	Körnchenverzehrer, scherzhaft für Vegetarier
Kearschn	Kirsche
Keischn	altes, schäbiges Haus
Keicha	
keppln	ständig schimpfen, keifen
Keschtn	Kastanien
kiefln	grübeln, nachdenken
Då muaß i iatz kiefln!	Da muss ich noch überlegen!
Kiibl	Eimer, Kübel

kimm decht hea då	komm doch da her
kimscht	du kommst
kindsn	babysitten; ein Kleinkind betreuen
Kinig	König
Kischtn *Isch deis a olte Kischtn!*	Kiste; altes Gefährt; dicke Frau
Kittl *Dea geaht mia jo goar nimma von da Kittlfoltn.*	Rock, Kittel Der weicht mir ja überhaupt nicht mehr von der Seite
Kittlschmecka	einer, der ständig den Frauen nachstellt
Klachl Rotzklachl *a groba Klachl*	Glockenschwengel Nasenschleim ein grober, derber Mensch
klåmparn	zusammenheften
Klauwau	Krampus, Teufel in der Kindersprache
klaubm	auflesen, pflücken
Klemma, Klemmbeitl	übertriebener Sparer, Geizhals
Kletzn, Kletznbrot	Dörrobst, Weihnachtsbrot mit Dörrobst

kliabn, kliam	spalten (Holz)
ebban schwar dakliam	jmd. schwer od. kaum gewachsen sein, ihn nicht ertragen können
klimpan	klappern, klirren
Dei klimpat owa mit ihre Augndeckl!	... mit dem Augenaufschlag kokettieren ...
Kloa-bian	Dörrbirne
Kloa-heisla	Kleinbauer, engstirniger Mensch
kloan - kleana - am kloanschtn	klein - kleiner - am kleinsten
Klåmpfn, Kitar	Gitarre
Klåppa	geschwätziges Mundwerk,
Bei eam geet imma di Klåppa	er redet ständig
kluag	klug; fein
Deis isch koa Kluaga!	Das ist aber kein feiner Mensch!
kluag au-schneidn	fein aufschneiden (zB: Wurst)
Klussn	Spalt
Schaug, då geet a Klussn auf!	Schau doch, da öffnet sich eine Spalte!
Kneidl	Knödel: eines der „Tiroler Grundnahrungsprodukte“, weitere Details zur Vielfalt und Variationsbreite des Kendls sind im Kulinarium zu finden.
Kneidl und Nudln, Nockchn und Plentn, deis sein der Tirola vier Elementn.	

Kneidl, Knuidele (OL)	Knäuel, kl. Knäuel
kniawoach	schwach in den Beinen, müde
knill, knüll	müde, betrunken sein
Knofl, Knouflach Knofl-zechn	Knoblauch, Knoblauchzehe
knorrzn	knarren
Knoschpn	Knospe; schwere Halbschuhe, Arbeitsschuhe (zB für Stallarbeit)
Knåttl	Dreckpatzen, zB auf den Schuhen
au und au voll Knåttln	auf und auf voll Dreck
knuutschn	intensives Küssen; kuscheln, schmusen
koa	kein
koa hoamgea hom	nicht nach Hause gehen wollen
Wenn dei̲ Manda hintars Kårtn kemman, hean sie's Leitn und Schlågn nimma!	Wenn diese Kerle mit dem Kartenspiel beginnen, vergessen sie ganz aufs Nachhausegehen!
Koch, Kouch	Koch, Mus, Eierkuchen, ...
Kåchl	Nachttopf
Hokch di auf die Kåchl!	Setz dich schnell auf den N.!

Koi — Kinn

Koi-tawagg — Kautabak

Kolderer — grober, lauter Mensch; Macho

kåltn, au-kåltn — behalten, aufbewahren
Kchålt decht nit jedn Plunda auf! — Behalte doch nicht jeden Plunder auf!

Komma — Kammer, Zimmer
Kimm aussa aus da Komma! — Komm heraus aus dem Zimmer!

kopfn — über etwas nachdenken
Lass mi kopfn! — Lass mich nachdenken!

Kåppm — Kappe

Kårrna-gulasch — Kartoffelgulasch mit Wurst (statt Fleisch)

kåschpan — herumalbern
Des Kåschpan geet ma aufn Wekcha! — Dieses Herumalbern zieht mir den letzten Nerv!

Kåschtala — Schnaps
I hat an guatn Kåschtala då! — Ich hätte einen besonderen Schnaps da.

Kåschtn — Kasten

Kota Kater, Katzenjammer

kotzn erbrechen

Kåtzn-Schprung Kurzbesuch
kurze Distanz

Kimm auf an Kåtznschprung eina. Schau kurz herein.

Kåwas Weißkraut

Kåwas-kopf Krautkopf

Kåwas-wurm (UI) Krautwurm

Krachal Limonade

Kråchledane Lederhose (Krachlederne)

Heit leign ma ins owa die Kchråchledane u! Heute ziehen wir aber wirklich die Lederhose an!

kragln, o-kragln jmd. den Kragen umdrehen
a Bia kragln das Bier aus der Flasche trinken

krahn	krähen, schreien
Kranebitta	Schnaps aus Wacholderbeeren
Kråpfn	Hefegebäck, meist mit Konfitüre oder Käse gefüllt
krass	schlimm
Bua, deis isch krass!	Ach, ist das furchtbar!
kråtzn	kratzen
Kchråtz mi decht amål am Buggl!	Kratz mich doch bitte einmal am Rücken!
Kraut und Ruam	Durcheinander
Krauta-walsch	das Unverständliche
Krautinga	Krautschnaps (darf nur in der Wildschönau erzeugt werden)
kraut-walsch	schlecht deutsch sprechend
Krawattl	Kragen
I påck di beim Krawattl	Ich pack dich am Kragen!
kraxln	kraxeln, klettern
Kraxn	altes, alpines Tragegerät
Kredenz	Anrichte, Glaskommode

Kreiz — Kreuz, Rücken

S`isch a Kreiz mit`n Kreiz! — Es ist ein ewiges Leiden mit dem Rücken!

Kreiz-wee — Kreuzschmerzen

S`isch a Kreiz mit dia! — Mit dir hat man es schwer!

Krempl — Plunder

Tua decht den Krempl aus da Kredenz aussa! — Entferne doch diesen Plunder aus der Anrichte!

Kretzn — Krätze

freche Kretzn — Wiederling

kriagn — kriegen, bekommen

Kriagsch du går nia gnua(-g)! — Kannst du gar nie genug bekommen!

kring — gering, leicht

Krippl — Krüppel (als Schimpfwort verwendet)

du frecha Krippl

kropfat — einen Kropf haben

A kropfats Diandl muass i nit håm! — Auf ein Mädchen mit Kropf kann ich verzichten!

kropfn, kchropfazn — rülpsen

Kchropf nit! — Rülpse nicht!

kråtzn — kratzen

die Kurvn kråtzn — es gerade noch einmal geschafft haben

Kruzinesn!	Verdammt noch einmal!
Kruzitirgn, no amål eini!	Herrschaft noch einmal! (ein Fluch)
Kua-tåschn	Kuhflade
Kuchl	Küche
Kuchlmendsch	Köchin
kugln	stürzen, kugeln
Kugl jå nit hea!	Stürze bloß nicht!
Kulla-augn	große, runde Augen
Kummet	Pferde-, Kuhgeschirr
Kunsch da denkn!	Das kannst du dir in die Haare schmieren! So etwas kommt nicht in Frage
kunscht, kunsch, kuusch	du kannst
Kupft wia gsprungan!	Redensart: Egal wie, es bleibt sich gleich.
Kuttn	Rock, Mönchsgewand
a so a elends-långe Kuttn!	so ein überlanger Rock!

Kwadratlatschn	übergroße Füße, Schuhe
De Kwadratlatschn passn jå in koane Schuach!	Diese unglaublich großen Füße passen in keine Schuhe.
Kwargl	stark riechender Käse; etwas Sinnloses
Red koan Kwargl.	Red keinen Blödsinn.
Kwasslbruada	Vielredner
Hålt amål die Pawalatschn, va-hellta Kwasslbruada!	Sei doch endlich einmal still, verdammtes Plappermaul!

Kwetschn	Ziehharmonika
Nimm die Kwetschn aussa und schpiel oan auf!	Nimm dein Akkordeon und spiel für uns!
Kwintl	Quentchen, eine Kleinigkeit

L

Laab	Laub
laar	leer
laatschn	nachlässig oder erschöpft gehen
Laatsch nit so!	Geh nicht so nachlässig!
Laatschn	Legföhre
låb	schlecht
a låbe Soch	eine ungute Angelegenheit
Labl (ZT)	Klosett
Lac*kchn*	Pfütze
Ladl	Lade, Unterkiefer
Iatz fållt ma s`Ladl owa!	Da bleibt mir jetzt aber der Mund offen
Laggl	großgewachsener Mensch, Kerl
Lahninger	fahrendes Volk, Schimpfwort
La*kch*	Tümpel
Lampl, Pamperle	Lamm
So a liabs Lampl!	So ein liebes Lämmchen!

Langes	Frühling
Lantschbesn	Person, die ständig herumstreicht und nie daheim vorzufinden ist.
lantschn	herumstreichen
lappelen, låppnen	herumblödeln
Larch, larchen	Lärche, aus Lärchenholz
Larifari redn	unnützes Zeug reden
Larifari måchn	Unnützes tun
Lausa	frecher Junge, Lausbub
lauta	lauter; dünn
lauta liabe Leit	alles nur liebe Leute
a lautere Suppn	eine dünne Suppe
lax	schlaff, ermattet
Lazi machen	Albernheiten machen
Leebzeltn	Lebkuchen
lei	nur, bloß
Tirol isch lei oans	Tirol gibts nur ein mal (auf derWelt)
Lei nit lugg-låssn!	Nur nicht nachlassen!
Leit	Leute
Leitn	Abhang, Hang

leit-scheich, leitschuich — schüchtern

Leit-schinda — jmd., der seine Mitmenschen übertrieben beansprucht

Leiwl, Leiwal — Leibchen, T-Shirt, Weste
ea håt koa Leiwal — der hat keine Chance

Leni — Helene

Lenz — Lorenz (Kurzform); Frühling
Hurra, da Lenz isch då!

leppan — summieren
då leppat sich wås zsåmm — es summiert sich mit der Zeit

lest (UL) — letzt, zuletzt

letschat — weich, teigig
a letschata Salott — nicht mehr knackiger Salat

Lettn — aufgeweichte, nasse Erde, Dreck, Schlamm

letz — klein, schlecht
a letza Dreck — ein kleiner Mensch
a letza Furz — ein kleiner Wicht
mia geets letz — mir geht's schlecht

Lex — Alexander (Kurzform)

Liachtn — die Helligkeit des Tages, Tagesanbruch
   Ouwaliachtn — Sichtfenster oberhalb der Tür

liagn — lügen

Lies (-l) — Elisabeth

Lina — Magdalena

Lipp (-l), Lippei (UL) — Philipp

Loab (-l), Loawal — Leib(chen)

load sein — überdrüssig
   loamig — (leid) sein

Loam-årsch — Schwächling

Loam-siada — Langweiler
   So a loam-siadata Loamårsch! — So ein langweiliger Schwächling!

loapn — etwas (vom Essen) übrig lassen
   Loapn toa ma nix! — Übrig gelassen wird nichts!

Loata — Leiter
   Loan die Loata zuachi, i mecht fenschtarlen! — Stelle die Leiter an die Wand, ich möchte fensterln!

loatn — lenken, leiten

Lolli	Dummerchen, Blödler
långa Lulatsch, långs Elend	großgewachsener Mensch

lång-haxat	langbeinig
Loosa, Leffl	Ohren
loosn, lousn	zuhören
Lopp, Lopphaufn, Lolli	dummer Mensch, Dummerchen
Jedn Lopp	Jeder Freak
gfållt sei Kåpp.	hat seinen Tick.
låppat	blöd, irrsinnig, töricht
låppat schian	irrsinnig schön
Låpphaufn	dummer Kerl
Lota, Loda	Mann
deis isch hålt a	das ist eben ein
richtiga Lota	richtiger Kerl
a kamotta Lota	netter, angenehmer Mann
Lotsch (-a), a guata Lotsch	gutmütiger Mensch

Lottarlebn, Lottalem	lasterhafter Lebenswandel
Wås fiarsch n gråd fia a Lottalebn!	Was führst du bloß für ein Lotterleben!
Lotterer	Fieber, Schüttelfrost
Låttn	Latte
longe Låttn	großgewachsener Mensch
Luada, Luadaviech	Luder
luagn	schauen, lugen
Luck	Deckel
lugg låssn	nachlassen
Lei nit lugg låssn	Nur nicht nachlassen
Lugn-dschippl, Lugnbeitl	Lügner
Dem Lugnbeitl kånn ma jå gåa nix mea glam!	Diesem notorischen Lügner kann man ja überhaupt nicht mehr glauben!
Lulatsch	großer, langer Mensch
Lump	Gauner
lupfn	heben, aufheben
Luttarisch	andersgläubig, Schimpfwort: Wenn zB Kinder nicht den sonntäglichen Gottesdienst besuchen
du Luttarischa	

Maar di holt, wennd wås brauchsch! | Melde dich nur, wenn du meine Hilfe benötigst!

maan (-en) | mähen

maarn | sich bemerkbar machen

Måaschtawurz | aus der Meisterwurz gebrauter Schnaps

machln | basteln, reparieren

Machlzoig | Werkzeug

Madl | Mädchen; Tochter

maggiarn — eine Krankheit, Verletzung vortäuschen

So a Maggiara. — So ein Hypochonder.

maggn — fest drücken

Madl, låss di maggn! — Mädel, lass dich drücken!

Mai-rångga — Maikäfer

Malta — Mörtel

Ria decht in Malta u, owa nit z`dinn! — Rühre doch den Mörtel an, aber nicht zu dünnflüssig!

mammalen — Wenn sich Kinder ganz besonders an die Mutter hängen

Manda — Männer

Manda s'isch Zeit — Männer es ist soweit (Ausspruch Andreas Hofers)

mandschn — vermengen, durchmischen

Mårch — Markierung, Zeichen; Grenze

Marei, Mariedl, Marilli, Mizzi, Moidl — Maria

Marend — Nachmittagsjause
Låssts guat sein, zum Marendn ischs! — Legt die Arbeit nieder, es ist Zeit für eine Jause!

marod — matt, kränklich
Heit schaugsch owa hibsch marod aus da Wäsch! — Heute machst du aber einen ziemlich kränklichen Eindruck!

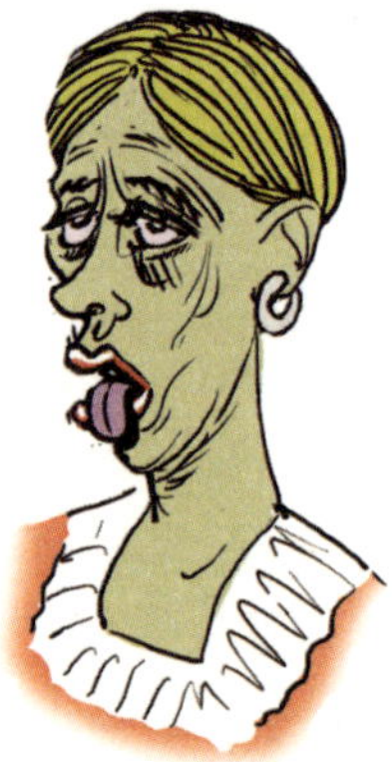

Marterl — Gedenkzeichen (Kreuz oder Bildstock), das an einen Verunglückten oder Verstorbenen erinnert. Sie werden sowohl in Mundart als auch in Schriftsprache verfasst.

Massl — Glück
So a Masslbruada! — So ein Glückspilz!

Matschgara — ein Verkleideter im Fasching

maugezn — katzenartige Töne von sich geben

Maultasch — Maulschelle

maungln — heimlich (illegal) einen Pakt schließen

mauschln	packeln, etwas heimlich verabreden, schwindeln; Geschäfte im Hintergund machen

mear (ZT)	nun, wieder
mechtn	wollen
i mecht gean	ich hätte gern
Megsch a Fotzn!	Möchtest du eine Ohrfeige?
meggazn	das Meckern der Ziege
Mei!	Ausruf des Bedauerns, der Verwunderung
Jå mei!	
Mei, isch des bearig!	Mensch, ist das schön (bärig)!
melchn	melken
Mendsch	Mädchen; Magd; Geliebte
mendschalan	menschlich
metzgarn	schlachten
miassn	müssen
Minz	Kleingeld, Münzen
moanan	meinen, glauben
Du moansch woll, i bin deppat!	Du hältst mich wohl für dumm!

Moar — der Beste, siehe „Hogmoar“

Moasta, Moaschta — Meister

Måch endli(ch) die Pawalatschn auf! — Mach doch endlich deinen Mund auf!

moc*kch*n — mocken, sich verstimmt zeigen, trotzen

mockig — stur, abweisend, beleidigt

Mode machen — bei einer Sache dringend eingreifen, durchgreifen

Wenn du nit åndasch tuasch, muaß i amål Mode måchn! — Wenn du dich nicht eines Besseren besinnst, muss ich einmal durchgreifen!

mågscht, mågsch — du möchtest
Mågsch mi nu gean? — Hast du mich noch lieb?

Moidl — Maria

Moltn — Schmutz, Kot; alter grobkörniger Schnee

mool — weich, faul
a moole Bian! — eine faule Birne!

motzn — langsam tun, nichts weiterbringen, zaudern, aufbegehren

Muasch ålm wia a Huttala daheakemman!?	Musst du immer so schlecht (schlampig) angezogen sein?
Muaß zB Melchamuaß	Koch, Brei, meist aus Milch, Mehl, Schmalz, etc.
Muaßa, Muasa	Pfannenwender
Much, Michl	Michael
Mucksa *Ea måcht koan Mucksa mea.*	Geräusch, Ton Er ist ganz still, rührt sich nicht mehr.
muffelen, demmelen (OL)	muffig oder modrig riechen

Muffn *mia geet di Muffn*	Angst ich habe Angst
Muggn *Måch decht nit aus jeda Muggn an Elefånt!*	Mücke Übertreibe doch nicht so!
Mugl	kleiner Hügel
Muinz, Muinza (OL)	Kosewort für Katzen
Murfl *ziach nit so a Murfl*	Mund (eher abwertend); schau nicht so grantig
Murmal	Murmeltier

naan	nähen, flicken
Naa ma decht bittschen dei̱s Louch im Kittl zua!	Könntest du mir, bitte, das Loch im Kleid flicken?
naarisch	närrisch, verrückt,
aber auch: *narrisch guat*	überaus gut
nachtn	nahe, beinahe; gestern
Nagelen, Nagei	Nelken
någgln	wackeln, rütteln
Er måcht koan Någgla.	Er rührt sich nicht.
Nandl, Nanei	Großmutter
Nani	Nase
Nanni, Nannal	Anna, Marianne
nåpfezn	einnicken
neatn	nötigen
neffn	sich (irgendwo) reiben; auch für „kopulieren“ verwendet

Neidei (Kitzbühel)	Liebkosung, Streicheleinheit
neinarlen, neinan	Die Vormittagsjause (um etwa 9 Uhr) einnehmen
neischtln	an kleinen Dinge herumhantieren
neschtln	nesteln, ständiges Herumsuchen
Du ewiga Neschtla!	
niachtan	nüchtern
Bisch wieda aus-gniachtat!	Bist du endlich wieder nüchtern!
Niatn	Niete
a so a Niatn	so ein Versager
Nickarle, Gnasperle (OL)	Schläfchen, Nickerchen

nida-beigln	niedermachen
den wea ma nida-beigln	den werden wir schon kleinkriegen
nigl-någl-nei	ganz neu, nagelneu

nimma	nicht mehr
nåch-antarn	nachahmen, necken
Nåchzipf	Wiederholungsprüfung
Notnågl, Noatniegl	Lückenbüßer
Åls Notnågl bin i ma z`guat!	Als Lückenbüßer komme ich nicht in Frage!

nåc*kch*at	nackt
Noc*kch*n	Kloß
Nockchal	Klößchen
du fade Nockchn	du Langweiler
Någgla	
er måcht koan Någgla	Er reagiert nicht, er macht keine Bewegung
noialan	neu ausschauen bzw. riechen
nåpfezn	ein Nickerchen machen

Nosn	Nase
dea håt a Nåsn fia ålls	er hat einen guten Riecher
unta die Nåsn reim	jmd. mit der Wahrheit konfrontieren
si selwa bei da Nåsn nemman	ehrlich zu sich selbst sein
Nåsnputzn	getrockneter Nasenschleim
Nåtsch	Ferkel, Schwein
nuatig, nuadig	geizig, notleidend
a nuadiga Teifl	ein geiziger Kerl
Nudlwållga	Nudelwalker, Teigroller
Nuss, MZ Niss	Nuß, Nüsse
Nutz sein	von Nutzen sein
Ea isch zu nix Nutz.	Er ist zu nichts zu gebrauchen.
nutzes	wertvoll

Oach*kch*atzl — Eichhörnchen, Eichkätzchen
Oach*kch*atzlschwoaf — Eichhörnchenschwanz

oagns — eigens, extra
Iatz bin i oagns wegn dia kemman! — Ich bin ausschließlich wegen dir gekommen!

oa-*kch*onzln — abwertend zurechtweisen, heruntermachen
I låss mi von dia nit ållaweil oa-kchonzln! — Ich lass mich von dir nicht ständig kompromittieren!

oanawegs — ohnehin
Deis isch ma oanawegs Wurscht! — Das ist mir ohnehin egal!

Oanigl — leichte Erfrierungen an den Fingern

Oanschicht — entlegene Stelle
Dea haust gånz in da Oanschicht! — Der wohnt ganz entlegen!

oanschichtig — entlegen, abseits gelegen; einfältig

Oarnschliafa — Ohrwurm

Oarwaschl, Uawaschl	Ohr(en)
Nimm di hålt amål selba bei di Oarwaschl!	Besinne dich endlich einmal eines Besseren!
oba, ocha, oicha (UL, BT)	herunter, herab
Obaliachtn, Owaliachtn	Oberlichte
o-biagn	abbiegen
o-brennt	
blutt (ÖT)	abgebrannt, pleite sein,
obrigscht	ganz oben
o-brockn	abpflücken
Obschtla	Obstschnaps aus verschiedenen Früchten
ocha, oa	herab
ochezn	ächzen
å-draht	schlau
a ǎ-drahts Mandl	nicht ganz korrekt handelnd, mit allen Wassern gewaschen
Ofnlewa	Zillertaler Hochzeitsgericht
å-foahrn	abfahren
Mit de Tanz mågsch å-foahrn!	Diese schlechten Angewohnheiten musst du künftig unterlassen!

oft amål	manchmal
oft	dann, oft
o-gfeimt A so a o-gfeimts Mandl!	ausgefuchst, verschlagen So ein ausgefuchstes Bürschchen!
o-halftarn	jmd. heruntermachen
o-haun	abhauen, flüchten; intensiv über etwas lachen
o-i-draan	abstürzen
o-i-fliagn(g)	hinunterfallen, abstürzen
o-i-lupfn	herunterheben
O-i-zaara *Wås bischn du gråd fiar a O-i-zaara!*	Tachenierer Was bist du für ein negativer Mensch.
å-*kch*råtzn *Zum Å-kchråtzn wars no a bissl zfriah!*	abkratzen; sterben Zum Sterben wäre es schon noch etwas zu früh!
å-kragln *Am liabschtn tat i eam o-kragln, den Falott!*	erwürgen Ich könnte ihn erwürgen, diesen Gauner!
ålla-hond	allerhand
ålla-lei	allerlei

ålla-weil, ollm, oiwei	immer
ålle heilign Zeitn	Ganz selten, quasi: nur zu den hohen Feiertagen
Du låsch di a lei ålle heilign Zeitn unschau(g)n(g)!	Dich bekommt man auch nur ganz selten zu Gesicht!
ållm, ollaweil	immer
åltvaterisch	altmodisch
o-luxn	abluchsen, jemandem etwas mit List abjagen
I låss ma mei Geld vu neamb o-luxn!	Ich lass mir von niemandem mein Geld abjagen!
Ombrell (ZT)	Schirm
Ommes, Åmeis	Ameise
o-murggsn	abmurksen, umbringen
in Motor o-murggsn	den Motor abwürgen
on-bandln	eine Liebschaft, einen Streit anfangen
Mit dea liam Gitsch tat i schoa gean ån-bandln!	Mit diesem netten Mädchen würde ich liebend gerne Bekanntschaft schließen!
åndasch, ondaschta	anders
ån-**gasn**	sich beeilen, Tempo machen
On-gricht, U-gricht	Umstände, Verhältnisse
So a schlåmpats Ongricht!	

ån-**leanan**, u-leana	anlernen, einweisen
å-någn, å-nå(g)n(g)	abnagen
ån-**pumpm**, u-pumpn	Geld schnorren
ån-**pumsen**, u-pumsn	schwängern
Von wem ischn eppa die Liesl u-pumst wuan?	Von wem Elisabeth wohl schwanger ist?
ån-zaarn, u-zaa(r)n	anziehen, Tempo machen

ån-**zwiedarn** u-zwiedan	anstänkern
å-passn	abwarten, auflauern
å-proc*kch*n	abpflücken
å-saumen	jmd. (bei der Arbeit) hinderlich sein), ihn abhalten
Tua mi nit ållm å-saumen, i hu koa Daweil!	Halte mich nicht dauernd von der Arbeit ab, ich habe keine Zeit.
å-schlogn	abschlagen, Vieh schlachten

å-schtaam — abstauben; etwas erschleichen
einer, der die anderen ausnützt
a so a Å-Schtawa — So ein Abstauber!

Oschtia-oschtia muggn — Fluchwörter (aus dem Italienischen abgeleitet)

oschtig, åschtig — derb, roh
a åschtiga Lota — ein derber Kerl

å-schtraggln — abmühen, abplagen
Då håsch di umaschinscht å-gschtragglt! — Da hast du dich aber umsonst geplagt!

Å-schtroaffa — (Schuh-) abstreifer

å-tschuppian — abhauen, sich davon machen
Iatz mågsch owa å-tschuppian, sunsch såg i da an Fufzga u! — Verschwinde, sonst kriegst du Probleme mit mir!

Ötzi — weltberühmte Eismumie vom Similaun-Gletscher; auch: populärer österreichischer Popsänger

ow(b)a!, åwa — Aber ...!

owi, obi, åwi
ochi, ochn,
oichi (UL, BT) — hinunter, hinab

P

paff sein — verblüfft sein

paffn — qualmend rauchen

pa*kch*ln — paktieren, im Geheimen Absprachen treffen

I moan, dei Zwoa pakchln mitnånd. — Ich glaube, die beiden paktieren.

Pa*kch*tl — kleines Paket, Packung

palantarn, aussipalantan — jmd. hinauswerfen, wegstoßen

Fia di gscheit au, sunsch muaß i di aussi-palantan! — Benimm dich ordentlich, sonst muss ich dich hinauswerfen!

Palatschin*kch*n — Dünner Eierkuchen, zusammengerollt und mit Konfitüre oder Fleisch gefüllt.

Pampf — fester Brei

A so a grausiga Pampf! — So ein ekeliges Essen.

pampfn — Essen in sich hineinstopfen

Panadlsuppn — Suppe mit Semmel- und Eiereinlage

Pappal — Mus, Kinderbrei

Pappmschlossa — Zahnarzt

Dea Pappmschlossa siecht mi nimma! — Der Zahnarzt sieht mich nie wieder!

parabarn — hart arbeiten, schuften

påtzn — kleckern; einen Fehler begehen

Paunzn — Kartoffelnudeln

Pawalatschn — Mund
Hålt die Pawalatschn! — Halt den Mund!

Pechmandl	Sandmännchen
pemparn	klopfen; kopulieren
Mit åona åltn **Pfånn** leansch eppan guat kochn.	Von einer älteren Freundin/Frau/ Lebensgefährtin kann Mann viel lernen ...
Pfandl	Bratpfanne
pfeilsgrod, pfeizegrod (OL)	ganz gerade
Geet nit dea Bsuuf schu wieda pfeilsgråd ins Wirtshaus!	Geht doch dieser Säufer schon wieder schnurstracks ins Wirtshaus!
pfent	schnell, flott, angenehm
a pfenta Lota	ein angenehmer Mann
deis geat pfent dahin	das geht flott dahin
Pfiat di	Auf Wiedersehen
Pfiffaling	Eierschwammerl; etwas Wertloses
pfladarn, fladan	stehlen
Bei mia gibbs nix zum Fladan!	Bei mir gibt's nichts zu holen (= stehlen)
pflanzn	anpflanzen; necken, verarschen
Pflanz eppan åndan.	Necke einen anderen.
pflåtschat	flach gedrückt
Pfoat, Pfoad	Hemd, Bluse

Pfostn — Holzsteher
deis isch a Pfostn hea — großgewachsener, kräftiger Mann

Pfreim — Reif, Rauhreif
pfreimig — mit Reif überzogen

Pfusch — schlechte, schlampige Arbeit, Schwarzarbeit
I håb deis Heisl im Pfusch aufgschtellt. — Ich habe dieses Haus in Schwarzarbeit errichten lassen.

pfuschn — Schwarzarbeit verrichten

Piepm, Piepa (OL) — Wasserhahn
Du freche Piepm! — Du Frechdachs!

Piipal — Küken
MZ: Piipala

Piitscha (ZT) — Semmel, Weißbrot; Brötchen

pippln — oft und gerne Alkohol trinken

Piuri geim — jmd. zur Ordnung rufen, zur Räson bringen

Piuri håm — Respekt haben
Voam Sepp håmm ålle an mords Piuri! — Vor dem Sepp haben alle großen Respekt.

platsch-nåss	völlig durchnässt
Ziach da wås üwa, sunsch weasch nu platschnåss!	Zieh dir etwas über, sonst wirst du über und über nass.
Plattln mit Kraut	Kartoffelspeise mit Sauerkraut
Plentn	Polenta, Maisgries
red koan Plentn	Blödsinn reden
Pletschala	Glückspilz
Pletschn	Glück, Riesenglück
Ploch (OL)	abgeschnittener Baumstamm
plodarn	lautmalerisch für rauschen
pluin, va-pluin	jmd. schlagen, verhauen
plumpsn	lautmalerisch für „herunterfallen und hörbar auftreffen“
Plunda	Plunder, Krempel, minderwertige Waren
Den Plunda kånnsch da selwa kchåltn!	Diesen Krempel kannst du selbst behalten!
Pofl	Schund; 3. Heuschnitt
Pois	eine Weile
Wårt a Pois!	Warte ein bisschen!
Pålmkatzln	Palmkätzchen, Blüten der Weide

Pånzn	Fass
Popp	Baby
poppln	saugen
Popsch, Popschal	Gesäß
Håt dei a liabs Popschal!	Die hat aber einen knackigen Hintern!
påschn	würfeln
påtschat	ungeschickt, unbeholfen
Wia schtellsch di denn gråd påtschat u!	Ach, wie bist du ungeschickt!

Påtscha, Påtscherl, Potschgori, Påtschgoggl	ungeschicktes Kind, ungeschickter Mensch
Påtschn	Hausschuh; Reifendefekt,
Påtschn-kino	abwertend für das TV-Gerät
Påtzer, Påtznlippl	Kleckerer

påtzn	patzen, kleckern
Powidl	Pflaumenmus
Pratz(-er-)**l**	Pfötchen
Pråtzn(-händ)	große Hände
Preiß	Preuße, scherzhaft für Norddeutsche
prennt	raffiniert, schlau
Preangal	ein weinerliches Gesicht machen
a Preangal måchn	Schnute
Prinzn	knusprige Kruste
pritschln	plätschern
proc*kch*n	pflücken
Protzn	kräftige Hand (Hände)
Pudl	Pudel; Schanktisch, Verkaufspult
a Pudal Schnåps	ein kleines Fläschchen Schnaps
pudl-nåckat	ganz nackt
Laff decht nit so pudl-nockchat ummadum!	Lauf doch nicht nackt herum!
pumparn	fest anklopfen
Wea pumpatn då so an die Tia?	Wer klopft denn da so heftig an die Tür?

pumsn	knallen; Wort für Geschlechtsverkehr
punggat	voll, rundlich, mollig,
a punggats Deandl	ein bummeliges Mädchen
Purzigogl	Purzelbaum, Rolle
purzigogln	eine Rolle vorwärts machen
Putzale	Kosewort
putzn	putzen, reinigen
Putz di!	Verschwinde!
Putzn	
Äpfl-putzn	Kerngehäuse eines Apfels
Nåsn-putzn	Nasensekret

R

Raach — Rauch

raar — selten, wertvoll, gefragt
Mâch di nit so raar! — Komm doch endlich wieder mal vorbei! (im Sinne: Mache dich durch dein langes Fernbleiben nicht selbst so begehrenswert)

Raatschkattl — Tratschweib

raatschn — sich unterhalten, schwätzen, jmd. verpetzen
Bleib hockn, raatsch ma a bissl! — Bleib hier, plaudern wir ein wenig!

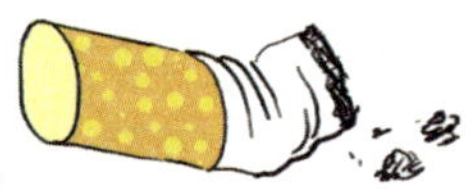

rachn — rauchen
Låss endlich amål deis Rachn! — Hör doch endlich zu rauchen auf!

Rachnâcht-rachn — alter heidnischer Brauch, Nächte zwischen Weihnachten und Dreikönigstag, in denen mit Weihrauch böse Geister und Dämonen ausgetrieben werden sollten

Radau — Lärm
Mâchts nit so an Radau! — Macht doch nicht so einen Lärm!

Radi Rettich

Radl Rad, Fahrrad

Radlbeeg, Radltruchn Radlgråttn — Schubkarren

Radler Radfahrer; Mischung aus Bier und Limonade

raffn raufen

raggern schwer und mühsam arbeiten

Raindling Gugelhupf, Napfkuchen

Ramml ungehobelter Mensch

Rammla männlicher Hase; Bezeichnung für einen Casanova

rammln koitieren

Ramsch billiges, wertloses Zeug, Schund

Wos kaffschn ollm an so an Ramsch! — Kauf doch nicht immer solchen Schund!

ranggln raufen

ranzig verdorben, stinkend

Rappl Anfall von Zorn
Kriagsch an Rappl? Wirst du zornig?

Rapplkopf Wirrkopf

rappln verrückt, schlecht gelaunt sein

Råschpl grobe Feile
raschpln feilen

rass scharf, beißend, pikant

Rattich Rettich

Råtz Ratte

Ratzn Schnurrbart

raunzn weinerlich klagen, nörgeln
eini-raunzn sich bei jmd. einschmeicheln
Wia dea gråd ållaweil ba die Weibaleit eini-raunzt! Wie er sich nur immer an die Frauen heranmacht!

Reach Reh

Rearl Röhrchen

rearn, plean weinen, plärren, heulen

Redhaus — Vielredner

Dem Redhaus mecht i ausn Weg gea! — Diesem Vielredner weiche ich aus!

Reibm — Kurve

a ålte Reim — zB ein altes Fahrrad

reien — bereuen, reuen

des reit mi — das reut mich

Reindl — flacher (Koch-)topf, Kasserolle, Pfanne

reißn — reißen, etwas erreichen,

So weasch bei mia nix reißn. — Mit diesem Verhalten wirst du bei mir nichts erreichen.

rengalan — leicht regnen, nieseln

resch — knusprig

a resche Semml — eine knusprige Semmel

a resche Wirtin — eine herbe Wirtin

a rescha Wein — ein herber Wein

Reschtl — Reste der letzten Mahlzeit

Riacha — Nase

I hun fiars Geld an guatn Riacha! — Ich habe für Geldangelegenheiten ein gutes Gespür!

Riapl — Abk. für Ruprecht;

Du unkchoblta Riapl! — Du ungehobelter Rüpel!

ribbln	fest reiben
Ribisl	Johannisbeere
Riebeisn, Reibeisn	Raffl
Riffl	rechenartiges Handgerät (zB zum Heidelbeerpflücken)
Rintn	Brotkruste
rittln	rütteln
roachn	reichen
Roach ma decht deis Sålz umma!	Reiche mir doch das Salz herüber!
Roaf(-n)	Reifen; Rauhreif
Roan	Rain (unbebauter Grenzstreifen zwischen Feldern); Wiesenhang
roasn	reisen; fahren
Kimm, mia roasn nåch Wian.	Komm, wir fahren nach Wien.
roat, ruat	rot
Råbn-bratl	liebevolles Schimpfwort
so a Råbn-bratl	so ein schelmisches Mädchen
Roc*kch*	auch: Jacke

rodln	rodeln, Schlitten fahren
rogl	locker, nicht fest
Rånzn	bestickter, breiter Bauchgurt bei Trachten
Du håsch owa an schean Rånzn.	Du hast einen ziemlichen Bierbauch.

Råpp	Rabe
Rotz	Nasenschleim
Rotzbremsn	Schnauzbart
Die Rotzbremsn geet ma beim Bussn im Weg um!	Dein Schnauzer stört mich beim Küssen!
Ruabm-zuzla	ungeschickter Mensch
Ruach	grobschlächtiger Mensch; jmd., der hart arbeitet

ruassln	schlafen
Dea ruasslt jå wia a Toada!	Der schläft ja wie ein Toter!
Ruggn (Buggl)	Rücken

Rumpl-kåmma — Raum zum Aufbewahren von Gerümpel

Rundal  — Semmel, rundförmiges Weißgebäck

rundum, rundummadum — rundherum

Rungunggl — alte Frau

rupfn — rupfen; jmd. ausnehmen, übervorteilen

a Gåns rupfn — eine Gans rupfen
eppan rupfn — jmd. Geld aus der Tasche ziehen

Rupfn-såck — Jutesack

Ruselen — Masern, Kinderblattern

S

Saans, Sensn	Sense
Sabl	Säbel
sabln	herunterschneiden, schnarchen
Safladi	Knackwurst
Såg	Sägewerk, Säge
saggra, sac*kch*ra	Ausruf der Anerkennung oder des Unwillens
Saggra, isch deis a gnaschtige Gitsch!	Mensch, ist das ein begehrenswertes Mädchen!
a saggrische Freid	eine riesige Freude
Sågmeal	Sägemehl
Såg-schoatn	Sägespäne
Saisonbock	Einheimischer, der sich ständig an die weiblichen Gäste heranmacht
Sålatt	Salat
Sandla	Obdachloser

satzn	laufen, sausen
saua	sauer; salzig
sauwa, sauba *a saubas Diandl*	sauber; hübsch
sau-bled *saubleda Hunt*	das ist blöd du saublöder Hund
Sau-mågn	jmd., der alles verträgt (Essen)
Sau-nigl	schmutziger Mensch
Schaar *Dei̱ Schaar håt jo koa Schneid nit!*	Schere Diese Schere schneidet ja nicht mehr!
Schaaß	hör- bzw. riechbarer Darmfurz
Schaffl	Bottich, Schaff, Fass
Schamml	Schemel
Schamts en*kch*!	Schämt euch!
schatzn	schätzen; sich unterhalten
Schaug, dasch weita kimmsch! syn.: Fliag oo!, Va-ziach di!, Moch di durch!	Verschwinde!
schaugn	sehen, schauen

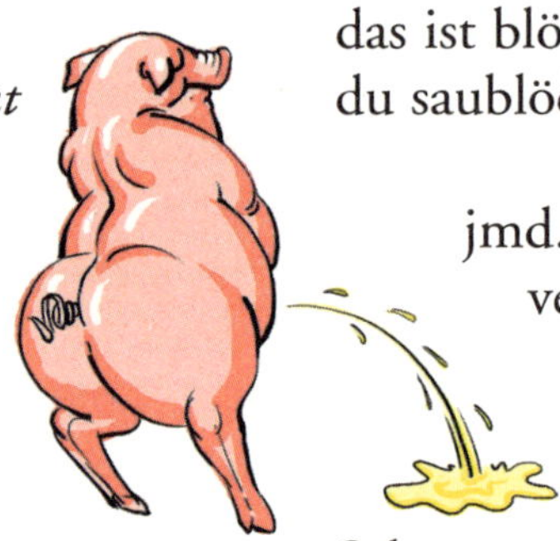

Schbeib	das Erbrochene
Schbeibarei	Erbrechen, das Erbrochene
schbeibm	erbrechen
Mia isch zum Schpeim!	Mir ist zum Kotzen!

schea, schia	schön
scheban, schiwan	Heuschober aufrichten
S`Wetta passt, iatzt miass ma gaach scheban!	Das Wetter ist ideal, um das Heu auf dem Feld zu trocknen.
scheim	schieben; rollen
Scheiß	Scheiße, Kot
Red koan Scheiß!	Red keinen Unsinn!

Scheißarei	Durchfall
Scheißheisl	Abort
scheißn gea, geen	aufs WC gehen
Gea scheißn!	Aufforderung sich zu entfernen

Scheitl — Scheit, Holzscheit
a Scheitl nåchlegn — noch ein Holzscheit nachlegen; jmd. provozieren, Streit schüren

schelch — hinterlistig, hinterfotzig, falsch

schelch-augat — schielend
Deis schelchaugate Diandl isch sunscht gånz liab! — Dieses schielende Mädchen ist sonst aber sehr lieb.

Schelfala — gesottene Kartoffel/Erdäpfel
Eadäpfl a da Scheil (ZT) — Erdäpfel in der Schale

Schelln — Schelle, Glocke; Ohrfeige

schelwenkat — schief, nicht passend
Heit kimmsch owa schelwenkat dahea! — Heute schaust du ziemlich angeschlagen aus.

schenian — sich schämen
Du håsch woll iwahaup koan Scheniera. — Du schämst dich wohl überhaupt nicht.

schepparn — klappern, klirren

Scheppsernes — Schaffleisch

Scherbn, Scherm — Scherbe
Iatz håmma in Scherm auf! — Jetzt haben wir ein Problem!

Scherzl — Anfang oder Ende eines Brotweckens

schiach	hässlich, schlecht
I fircht, iatz weads schiach!	Ich befürchte, das Wetter wird schlecht!
schian, schea(n), schee	schön
Schiarhaggl	Feuerhaken
Schiarl	Koch- oder Rührlöffel
schiarn	Streit/Feuer schüren;
ein-schiarn	einheizen
Schia gaach ein, mia isch z`kålt!	Heiz schnell ein, mir ist zu kalt!
schiaßn	schießen
schiffn	urinieren, stark regnen
schilchn	schielen
Schinta	hart arbeitender Mensch
Schippl	ein Schüppel, eine Menge
auch: Tschippl	(Haare, Kinder ...)
a Tschippl Hoor	ein Haarbüschel
schittln	schütteln
Schlaatz	Schleim; Sekret
ea håt an mords Schlaatz	er ist schwer beleidigt

Schlågåwås — Obers, Sahne

schlåmpat
schlåmpet — unordentlich, nachlässig

Schlåmpm — unordentliche, leichtfertige Frau

Schlanggl
Schlingl — Spitzbub, Schlingel, Schelm

Schlappa — Sandale, Halbschuh

Schlawina — Schlaumeier

Schleigl — Keule

schlintn — schlingen, schlucken

Bisch beim Va-hungan, dass a so schlintsch! — Bist du am Verhungern, dass du das Essen so hinunterwürgst!

schloachn
syn.: fotzn, knolln, schmiarn — jdm. eine Ohrfeige verabreichen

schlårpn — schlecken, lecken; schlürfen
Heb die Haxn au und schlårp nit so! — Hebe doch die Beine beim Gehen und schlürfe nicht so!

schluc*kch*n — schlucken

Schluuz	Schleim
schluuzig	schleimig, schlüpfrig; gallerat-artig
Schluuzkråpfn Schlipfkråpfn	gefüllte Nudeltaschen
schmåggizn	mit vollem Mund beim Essen schmatzen
Schmangall	Gustostück
schmarggalen *Wasch di amål, du tuasch schå schmarrgalen!*	schlecht, unangenehm riechen Wasch dich, du riechts unange-nehm.
Schmårrn	Schmarren, Eierkuchen
Schmatt, Schmattes	Geld

schmattig	wohlhabend, reich
schmec*kch*n	schmecken; riechen
schmiarn *I schmia da glei oane!*	schmieren eine Ohrfeige verabreichen
Schmirb	Schmiere

schmirbm, einschmiarn *Schmirb di gscheit ein,* *die Sunn brennt o-a!*	einreiben, einschmieren Verwende doch eine Sonnen- creme bei der Hitze!
schmirggln	abschleifen, polieren
schmissig	schwungvoll, flott
schnac*kch*sln	wortmalerische Bezeichnung für Geschlechtsverkehr
Schnaggl, Schnaggla *Muasch an drei* *Glåtzate denkn, dånn* *va-geet da Schnaggla!*	Schluckauf Denk an drei Glatz- köpfe, dann vergeht der Schluckauf!
schnåpsln	Schnaps trinken
Schnauza	Schnurr- bart
Schnea	Schnee
Schnea-brunza, Haibrunza	ängstlicher, schwächlicher Mann
Schneggn, Schnec*kch*n	Schnecke(-n)
Schneid	Schärfe, Mut, Selbstbewusstsein
schneidig *Des isch hålt a* *schneidigs Birschl!*	mutig, selbstsicher Das ist aber ein mutiger Bursche!
schneizn	schneuzen

Schneiztiachl, Rotztiachl — Taschentuch

Schnepfn — Schnepfe, abwertend für „Frau“

schniffn — stehlen

Schnålln — Schnalle, Türklinke; leichtes Mädchen

schnåpsn — beliebtes Kartenspiel

Beim Schnåpsn måchsch koan Schtich gegn mi! — Beim „Schnapsen“ gewinnst du nie gegen mich!

Schnårfa, Schnerfa — kleiner Rucksack

Schnåttabix — Schnatterbüchse, geschwätzige Person

schnåttarn — schwätzen, ständig reden
Muasch du die gånze Zeit schnåttarn! — Musst du andauernd reden!

schnuffln — riechen, schnüffeln

Schåatn	Hobelspan
Schoba	Heuschober
schofl	schäbig, unfair
Sei nit schofl und zåhl nu an Lita!	Sei nicht schäbig und bezahle noch einen Liter!
Schåln, Schalele, Schalei (UL)	Tasse, Schale, Schälchen
Schöpfa	Schöpflöffel
schoppn	stopfen
Schpasettln	Probleme, Schwierigkeiten machen
Måch koane Schpasettln!	Mach keine Schwierigkeiten!
schpear	trocken, ausgedörrt
schpechtln	neugierig schauen; lüstern spannen; flirten
Schpechtl decht nit so zu die Madln ummi!	Schiel doch nicht dauernd zu den Mädchen hinüber!
Schpec*kch*-*kch*neidl	siehe „Tirola Knedl“
Schpeckuliar**-eisen**	Brille
Schpeis	Speise; Speisekammer
schpendiar**n**	spenden, großzügig sein

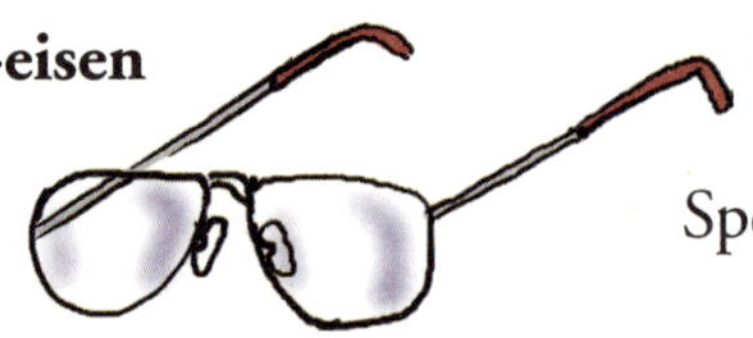

Schpergamentln	Umstände machen, Widerstand leisten
Måch koane Schpergamentln!	Sei nicht zickig!
Schperr auf deine Schpråtza**!**	Mach doch deine Augen auf!
Schpiagl	Spiegel
schpineisln	spähen, neugierig schauen, auskundschaften, sich umsehen
Då muaß i iatz owa a bissl eini schpineisln!	Das will ich mir jetzt aber ganz genau ansehen!
Schpreißl	Zaunlatte
Mei, håt dea Schpreißl!	Mensch, hat der dünne Beine!
Schpring-ginnggal	„Springinsfeld"; lebhafter Mensch
Schprissl	Sprosse (zB einer Leiter); dünne Beine
Schpuckal	kleines Gefährt, kleines Auto
Wås meggsch`n mit dem Schpuckal!	Was willst du mit diesem winzigen Auto!
schpudarn	feuchte Aussprache haben
Schpundus	Angst, Respekt
Vu dia håmm owa ålle an mords Schpundus.	Vor dir haben wir gehörig Respekt.

Schraufn	Schraube; schwere Niederlage beim Fußball
Schrec*kch*-schraufn	abwertend für unattraktive Frauen
schrems, schrams, schlems	schief, schräg
schrepfn	bremsen
Schrågn	Holzgestell mit 4 Beinen
So a Schrågn!	hässliche Person
Schruntn	Schrunde, Hautriss
schtaad	ruhig, sachte, vorsichtig
Sei schtaad!	Sei ruhig!
Tua schea schtaad!	Sei schön vorsichtig!
Schtaffl	Stufe
Schtampal	Stamperl, Schnapsglas
schtamparn	wegjagen
Schtångga syn. Schtiefla, Hoanzn	Vorrichtung zum Heutrocknen am Feld
schtåpfln	stolpern
Schtaudn-hoc*kch*a	langweiliger Zeitgenosse
schtearnhågl-voll	sturzbetrunken, völlig betrunken
Schtec*kch*n	Stock
Schi-schtec*kch*n	Skistock

Schteff, Schtoff — Stefan

Schteign — Hühnerstall; Holzkiste

so a hinige Schteign — so ein kaputtes Fahrrad

Schtiagn — Stiege

schtiarn — starren

ummadumschtian — herumstochern, -stöbern

Heit schtiasch schu in gånzn Tåg ummadum. — Heute stöberst du ja schon den ganzen Tag herum!

Schtiira — jmd., der in fremdem Eigentum stöbert

Schtich:

Bei mia måchsch koan Schtich! — Bei mir hast du keine Chance!

Deis isch owa a schteila Schtich! — Das ist aber ein steiler Weg!

Deis Fleisch håt jå schoa an Schtich! — Das Fleisch ist schon leicht verdorben!

Dea Schtich kcheat mia! — Stich/Trumpf (beim Kartenspiel)

Schtiefl — Stiefel

Red koan Schtiefl! — Red keinen Blödsinn!

schtiefln — Heutrockner/Heustange setzen
jmd. in den Hintern treten

Schtingl — Stängel, Pflanzenstiel

Schtingl-glasl	langstieliges (Wein-)glas
schtingln *iatz håts`n gschtinglt*	stürzen jetzt ist er gestürzt; auch: bei der Prüfung durchgefallen
Schtoan	Stein
Schtoan-esl	unbelehrbarer Mensch
Schtådl	Scheune
Schtoffl Schteff, Schtoff *so a Schtoffl*	Christoph, Stefan so ein unbeholfener Mensch
Schto*kch*-esl	dummer Mensch
Schtouzn	kleinwüchsiger Mensch
schtraan	streuen
Schtraubm	Strauben, Spritzkrapfen, eine Mehlspeise
Schtrau*kch*n	Schnupfen, Verkühlung
Schtriezl	geflochtenes Hefegebäck
schtroafn *Vazeich, dass i gschtroaft håb!* *Mia miassn no`s Holz å-schtroafn!*	anstreifen; Holz ziehen Verzeih, dass ich bei dir angestreift bin! Wir müssen noch das Holz (mit dem Traktor aus dem Wald) herabziehen!

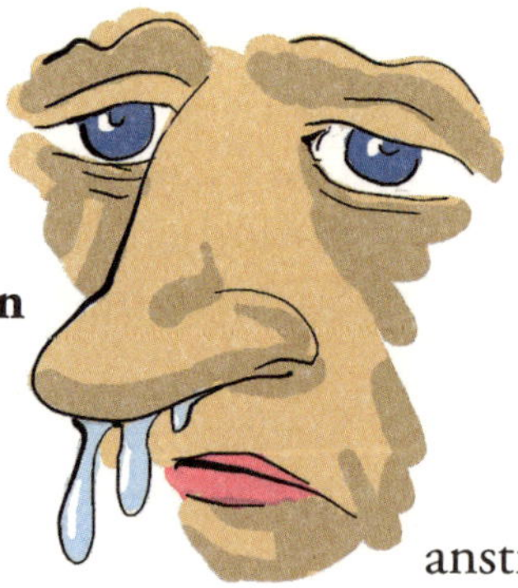

Schtrudl	Mehlspeise, gerollt und gefüllt
Schtuck	Stück
schtuff	beleidig, eingeschnappt sein
Bisch schtuff auf mi?	Bist du beleidigt?
Schtumpm	Zigarettenstummel
Schtupfa	kleiner Stoß (symbolisch gemeint)
I wea da schoa an Schtupfa geim (I wea di schu schtupfn!)	Ich werde dich dann schon rechtzeitig erinnern!
schtupfm	stupsen, leicht anstoßen

Schtupf mi nit ållm!	Stups mich doch nicht ständig!
Schtutzn	Kniestrümpfe; Gewehrstutzen
Schuach	Schuh(-e)
schuntig	schäbig
Deis isch owa schuntig vu dia!	Das ist aber schäbig von dir!

Schupfn	Schuppen, Scheune
schupfn	stoßen, schubsen
Schurz	Küchenschürze
Schussl	Person, die übereilt und fahrig handelt
schussln	etwas übereilt, fahrig machen
schutzn	einen Ball spielerisch zuwerfen; ein Glas über die Theke gleiten lassen
schwaafln	lügen
schwaar *Ea tuat si a bissl schwaa in da Schual.*	schwer Er hat Probleme in der Schule.
schwaggln	Flüssigkeit hin und her schwenken
Schwammal	Pilz
Schwåass	Schweiß; blutende Verletzung bei Wildtieren (Jägersprache)
schwarggln *Heit schwargglt ea wieda amål hoam!*	wanken, schwanken Heute wankt er (nach überhöhtem Alkoholkonsum) wieder mal nach Hause!

schwartln — sich watschelnd fortbewegen; hauen, zuschlagen

Schwårtn — Speckrinde; scherzhaft für Bauch

Schwåz — Schwaz (Harrys Dahoam)

Schweinigl, Saunigl — schmutziger, ordinärer Mensch; Ferkel

schweinigln — Schweinereien betreiben

schwenzn, o-schwenzn — schwemmen, ausschwemmen; Schule schwänzen

Schwiitz
Mia rinnt da Schwiitz schu in die Schuach!

Schweiß
Mir fließt der Schweiß bereits in die Schuhe = Ich schwitze unglaublich!

schwitzalan — nach Schweiß riechen

schwoabn, schwoam — schwemmen, (aus-)spülen
Dei̱ Pfoat miass ma aus-schwoabn, de tuat jå schu schwitzalan! — Das Hemd müssen wir schwemmen (waschen), es ist schon ganz verschwitzt!

Schwoaf	Schweif, Schwanz
Ziach decht nit imma an Schwoaf ei!	Mach doch nicht immer einen Rückzieher!
schwåbbln	plätschern, überschwabben
Schwuchtl, Wårma	Homosexueller, Schwuler
Seal	Seele
Sec*kch*l, Säc*kch*el	Socke; Hoden
du bleda Sec*kch*l	du dummer Kerl
seggian	sekkieren, necken, plagen
Seini Hånsn	St. Johann in Tirol
sektisch	pedantisch, kritisch
selchn	räuchern
semma	wir sind
gsund semma	wir sind gesund
Semmal	Brötchen, rundförmiges Weißgebäck, Semmel
Semml-breasl	Paniermehl
Senna, Sennarin	während der Sommermonate einsiedlerisch lebende Spezialbauern auf der Bergweide (Alm)

Sennarei — Käserei auf der Alm

Sensn — Sense
Segasa (OL)

Sepp — Josef
Pepp,
Seppl, Jos

Serggl — Morast, Kot, Schmutz

Seawus! — Sei gegrüßt!

Siach — habgieriger Mensch, Geizhals

siadn — sieden

siarig — empfindlich, leicht reizbar; einer Sache verfallen sein; bei Wunden: brennender Schmerz
siirig

Simal — Simon

sinscht, sunsch(t), siischt — sonst

s-letschte Mål — beim letzten Mal

Soacha, Seicha, Soacha — Seiher, Sieb; auch Schimpfwort

Soach-kåchl — Nachttopf

soachn	urinieren
soach-nåss, fetznåss	total durchnässt
soach-wårm	lauwarm
Soafn	Seife
I stea auf da Soafn.	Ich weiss nicht weiter.
Soal	Seil
Soc*kch*n	Socke
du bleda Sockchn	derbe Anrede für einen Mann
soda, sodala, sosn	so
Sodala, iatz håmmas!	So, jetzt haben wir es (geschafft)!
sofl	soviel
sågn	sagen
Sålbn, Solm	Salbe
Sorgnbinggl	Person, um die man sich stets Sorgen machen muss
Deis isch hålt mei Sorgnbinggl!	Das ist mein besonderes Sorgenkind.
sottan, selle, söttan, söttig	solch(-e)
Sozi	kurz für Sozialdemokrat
Stadtla	Stadtbewohner

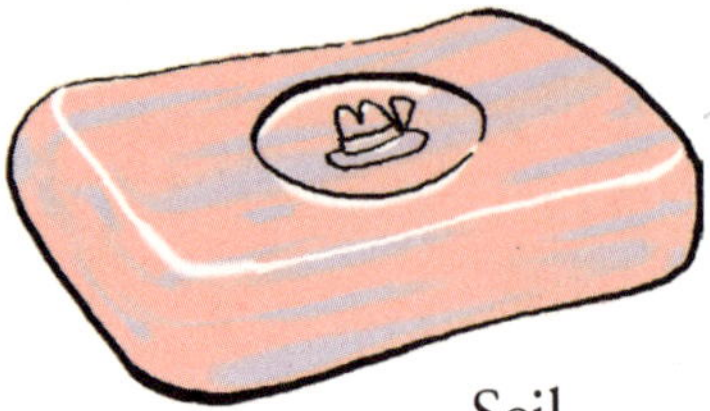

Stanizl	Papiersäckchen
Suar, Suur	Jauche
Suargruam	Jauchengrube
suarn, suurn	Jauche ausfahren
Sud	Rausch
sudan	sich ständig beklagen
Sulz	Salzbrühe; Aspik; Presswurst
Summsa, Summsn	Jammerer
Tua amål weita, du Summsa!	Mach doch endlich weiter, du Trödler!
sumpan	geistig abstumpfen, sich gehen lassen
va-sumpan	(sozial) herunterkommen; auch: zu lange im Gasthaus ausharren
sumsn	ständig jammern, betteln

Sunntig	Sonntag
Sunntåg	
Suppn-henn	Suppenhuhn; abwertend für Frau
Surrm	Rausch, Lärm

suscht, sischt, suusch — sonst, ehemals
suscht kuus da schlecht gea — sonst könnte es dir noch leid tun

suudig — rauschig

Suur — Beize für das Einpökeln von Fleisch

T

Tåchtl	Ohrfeige
tågalan	Tag werden
takt	tüchtig, brav, fleißig
a takts Weiwass	eine tüchtige Frau
Tantla, Umma-tantla	Trödler
Schmee-tantla	Schmähführer
Tåppa	Fußabdruck
Tappn	Besonderheiten, Eigenheiten
I wea da deine bleidn Tappn schu austreim!	Ich werde dir deine Eigenheiten schon noch abgewöhnen!
tasig	halbwach, verschlafen
Tati	Vater
tatschln	liebevoll, leicht (zB auf dieWangen) klopfen, streicheln
taugn	sehr gut gefallen
Deis taug ma.	Das gefällt mir.
Deis taugt nix.	Das ist nichts wert.

Taxbaam — Tannenbaum
Taxn — Fichten oder Tannenzweige

tearisch — schwerhörig
Schpea di Oawaschl auf, oda bisch tearisch! — Hör mir zu, oder bist du schwerhörig!

teatn — töten

Techtlmechtl — Liebschaft, Affäre; geheimes Einverständnis
Håt dea schu wieda a Techtlmechtl mit eppan åndan! — Hat der Bursche schon wieder eine Liebschaft mit jmd. anderen.

teebalen — abgestanden, modrig riechen
Reiß die Fenschta auf, då tuats teebalen!

Teggn — Fehler, Gebrechen
Dea håt an Teggn. — Der ist nicht normal.

Tegl — Tiegel; kleine Schale, Dose

teixln — etwas meistern
Deis wea ma schu irgendwia teixln! — Das Problem werden wir schon irgendwie lösen!

Tennen, Tenna — Scheune

tenng — links; ungeschickt
zwoa tennge Hend — zwei linke (ungeschickte) Hände

Terrgl — dickliche, unappetitliche Masse
Den Terrgl kuusch da selwa essn! — Diesen Fraß kannst du selber essen!

Tipfall — Punkt, kleiner Fleck

tippln — laufen

Tirggn — Kukuruz, Mais

Tirggn-wierla — Maissterz

tirmlig — schwindlig, benommen

Tirola Kneidl = Schpe*kch*-*kch*neidl — Klöße mit kleinen Stückchen geräuchertem Fleisch

Toag — Teig

Toas — Blödsinn, Langeweile
Red koan Toas dahea! — Red keinen Unsinn!
So a Toas — So etwas Langweiliges (Unsinniges)

Toaschn, Tåsch — Schimpfwort für Frauen; Trampel

Toggl — Hausschuhe

Topfn — Quark, Topfen
Red koan Topfn! — Red keinen Blödsinn!

Törggelen zur Weinlesezeit Gasthäuser oder Buschenschänke aufsuchen, Wein verkosten und dazu Kastanien verzehren (Brauch in Südtirol)

torggln Wein pressen; taumeln, wanken (nach übermäßigem Weingenuss)

Schaug u, wia dea torgglt! Schau, wie der schwankt!

toscht (ZT) dort (hinweisend)

Traafn Traufe, Dachrinne

Traam Traum; Holzbalken

traam-happat unausgeschlafen, geistesabwesend

Plåg mi nit, i bi nu gånz traam-happat! überfordere mich nicht, ich bin noch komplett unausgeschlafen!

Tråll, Dråll dumme weibliche Person

Tramplan Zillertaler Hochzeitstanz im Galopp

Tråtschn	Tratschweib
tratzn	necken
I låss mi vu dia nit tratzn!	Ich lass mich von dir nicht necken!
Trewa	Obstschnaps, Obstler
Trenzal	Brustlatz für Kleinkinder
Bind da`s Trenzal umma, suusch påtsch di u!	Nimm doch den Brustlatz, sonst patzt du dich an!

trenzn	sabbern
Tråmpl	Trampel, Schimpfwort für Frauen
troogat	trächtig
Tråppl	Falle
Iatz isch schu wieda a Maus in die Tråppl gångan!	In der Mausefalle liegt eine tote Maus.
Truchn	Truhe
Trumm	großes Stück
a mords Trumm Lota	ein großer Kerl
a Trimml Brot	ein kleines Stück Brot
Ruck a Trimml!	Rück ein wenig!
Truutschn	Schimpfwort für Frauen

ts-ållanagscht	von Beginn an
tschari gian	kaputtgehen
Iatz isch ea tschari gångan!	Jetzt ist er in Konkurs gegangen!
tschedawenggat	schief, nicht richtig
tschigg	müde
Tschigg	Zigarettenstummel
Tschindara	mächtiger Knall
Iatz håts owa an Tschindara gmåcht!	Das war aber ein gewaltiger Knall!
tschindarn	laut knallen
Tschinelln	Musikinstrument, Ohrfeige
tschin*kch*alen	nach Verbranntem riechen
Tschippl	kleines Bündchen
a Tschippl Hoa	kleiner Haarbüschel
tschippln	jmd. an den Haaren ziehen
Tschåppal, Tschoppele	unbeholfener Mensch
Tschori	gutmüiger Mensch
Tschugglaad	Schokolade
ts-morgets, ts-morgischt	morgens

ts-nagscht [ZT]	auf einmal
tuan, toan, tua	tun
tua amål	mach weiter
tuascht, tuasch	du tust
Tuatnmagga	Totengräber
tuja, tujr, toja	teuer, kostspielig
tupfn	antupfen, antippen; koitieren
du junga Tupfa	du unreifer Jüngling
Turtn, Tuschtn, Tortn	Torte
Tuscha, Låppntuscha	Knall, plötzlicher Regenfall
sie håt an Tuscha	sie hat einen Knall!
a guata Tuscha	ein gutmütiger Mensch
tuschn	krachen
zsåmm-tuschn	zusammenkrachen
Åne tuschn	eine Ohrfeige verabreichen
Låss ma´s tuschn!	Geben wir Vollgas!

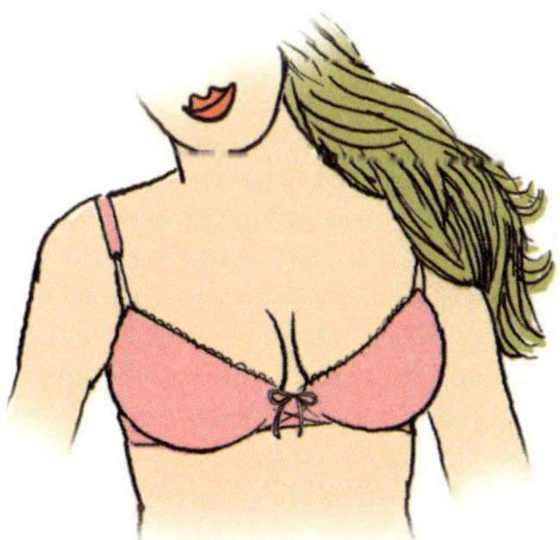

Tuttn	Busen (vulgär)
Kua-tuttn	Kuheuter
Tuttnkrax(-n)	Büstenhalter
Tuu*kch*	Streich, Posse
an Tuukch u-toa	einen Streich spielen

Uarviech — urwüchsiger, komischer Kerl

Da Hias isch hålt a richtigs Uarviech!

Matthias ist wohl ein richtiges Original.

u-fångs — anfangs

u-hawig, u-habig — andauernd, fortwährend

u-kemman — angekommen

u-lag — leicht ansteigend
Dea Weg geet schea ulag dahi. — Der Weg verläuft angenehm leicht ansteigend.

u-leign — anziehen (Kleidung)
Mit dia mecht i mi nit u-leign! — Mit dir möchte ich nicht streiten!

umanånd(-a) — umher

umasuuscht umsonst

umdraat raffiniert
a umdraats Leital ein raffiniertes Kerlchen

umi-lupfn betrügerisch übervorteilen
Lupf eppan åndan ummi, nit mi! Betrüg, wen du willst, aber sicher nicht mich.

umma - ummi herüber - hinüber

Kimm hålt du umma, i ku nit ummi! Komm doch du herüber, ich kann nicht zu dir!

ummadumm herum

umma-suuscht umsonst

umma-welgan umherrollen

ummi-heim herüber-, hinüberheben

ums Årschleckchn — knapp, ganz wenig, um Haaresbreite

Dei̲ Schuach semma ums Årschleckchn z'kloan. — Die Schuhe sind mir leider etwas zu klein.

un-gfierig — unpraktisch

Unguschtl — unangenehmer, ekeliger Mensch

u-nånd, unånda — ununterbrochen, in einem fort

Teats decht nit u-nånd schtreitn! — Streitet doch nicht andauernd.

un-weigarn — Lust auf etwas haben; verlocken, verleitet werden

Dei̲s scheane Kleidl tat mi uweigan (u-weigerisch mächn). — Dieses hübsche Kleid würde ich mir gerne kaufen.

Uricht — Anrichte, Kommode

Urschl — Ursula

du blei̲de Urschl — Bezeichnung für eine dumme oder ungeschickte Frau

u-schtiefln jmd. aufhetzen

u-schupfn anschieben

uwearn etwas los werden, an den Mann bringen

u-ziachn anziehen (Kleidung)

u-zwiidan anstänkern

V

va-bandlt	ein geschäftliches oder intimes Verhältnis haben
va-deanen, va-dianen	verdienen
Wia hun i ma deis lei va-dea(n)t!	Womit hab ich mir das verdient?
va-draat	verdreht; verschlagen
va-dru*kch*n	(viel Essen) verdrücken
va-d**scheppan**	billig verkaufen (Notverkauf)
va-faaln	verfehlen
va-flixt	verflixt
vaflixt schwaar	außerordentlich schwer
va-gåggln	sich irren; Zeit verschwenden
I muaß nåchrechnen, i moan i hu mi va-gågglt!	Ich muss nachrechnen, ich glaube, ich habe mich geirrt!
va-gunnan	vergönnen
Deis va-gunn i da!	Das vergönn ich dir!
va-leidn	zuwider sein

va-luadarn	siehe „va-wixn“
va-plempan	Zeit vertrödeln
Du håsch dei scheaschte Zeit va-plempat!	Warum bist du denn ledig geblieben!
va-rolln	sich entfernen
Va-roll di!	Verschwinde!
va-saun	verpatzen, verunreinigen
Du håsch ma mei gånz Leim va-saut!	Du hast mich ruiniert.
va-schaafln	verwursteln, verlieren
Iatz hu i schu wieda an Schlissl va-schaaflt!	Jetzt habe ich schon wieder den Schlüssel verlegt!
va-seachn, va-seichn	versehen, die Sterbesakramente verabreichen

va-sumparn

va-sumparn	geistig abstumpfen; in einem Lokal „hängen bleiben“
va-tian, va-toa	vertun, verscherzen, verschleudern
Va-tua da's nit mit mia!	Verscherz es dir nicht mit mir!
Ea håt ålls va-tuu!	Er hat sein ganzes Vermögen verschleudert.
va-trottln	verblöden; senil werden
va-windn	verkraften, darüber hinwegkommen
Ea kuu dei Blamaasch åafåch nit va-windn!	Er kann die Blamage einfach nicht verkraften!
va-wixn	verschleudern
Vawix nit dein gånzn Kneidl!	Verschleuder nicht dein ganzes Geld!
Va-ziach di!	Verschwinde!
va-zupfn	verschwinden
va-zwic*kch*t	schwierig, kniffelig
voarzua, vuazua	vorzu, langsam, der Reihe nach, nach und nach, mit der Zeit
Vuazua weama ma deis schu deixln!	Mit der Zeit werden wir das schon schaffen!

Vogl-bear	Vogelbeere; Beere der Eberesche
Vogl-bea-schn*å*ps	Ebereschenschnaps
Vogl-beerala	
A Voglbearala isch schu wås Feis!	So ein Vogelbeerschnaps ist schon sehr delikat!
voll	berauscht, vollkommen betrunken sein
Vormas	Frühstück
Vroni	Veronika

W

Waasal	bemitleidenswerte, hilfsbedürftige Person
Wååsn	Rasen; Bezeichnung für einen großen Mann
Mei, isch dea a Wååsn hea!	Mensch, ist das ein Riese!
wachln	fächern, winken
au(f)-wachln	angeben
Walsch	das Italienische
Wenn i gråd a bissl bessa Walsch kunntat!	Hätte ich bloß bessere Italienisch-Kenntnisse!
Walscher	Bezeichnung für Italiener
Waltl	kleines Wäldchen
Wåmpala	dicker
wåmpata Hund	Mensch
wåmpat	dickbäuchig
Wåmpm	Wampe, großer Bauch

Wårt a Pois!	Warte ein bisschen!
Wås gåffsch denn so bleid!	Was schaust du so dumm (doof)!
Wås håschn gsågt?	Was hast du gesagt?
Wås meggsch?	Was möchtest du?
Wås willsch?	Was willst du?
Wås?	Wie bitte?
Waschl	großer, grober, ungehobelter Mann
waschlnåss	völlig durchnässt

Schtell di unta, suusch weasch waschlnåss! — Stell dich unter, sonst wirst du noch völlig durchnässt!

Wåsch-rumpl — Waschbrett

Wascht(-l), Wåscht — Sebastian

wassarn — bewässern; jmd. verhauen

Wassele — kleines Rinnsal, Wässerchen; Bächlein

wåtn — waten; langsam gehen
durchn Schnea wåtn — durch den Schnee waten

wåtschalan — Kugelspiel, Bocchia

Watschn — Ohrfeige

Watschn-gsicht — ein Gesicht, das zur Verabreichung von Ohrfeigen einlädt

Wåttl — ein dickes Weibsbild

Wattn — beliebtes Tiroler Kartenspiel, meist mit 4 Personen

wax — rau, stechend

wea	Schmerz empfinden
Tuat deis wea?	Schmerzt dich das?
weanig, wianig	wenig
Wechtn	Schneeverwehung
Weggn	Bortlaib
Weibeerln	Rosinen
Weichbrunnan	Weihwasserbecken
Weilal	eine kurze Weile
Bleib decht nu a Weilal!	Bleib doch noch ein bisschen!
weita tuan, weita-toa	(endlich) weitermachen
Tua amål weida!	Mach doch endlich weiter!
Gee´ weida!	Geh` doch endlich weiter!
weiwa-lcitisch	jmd., der ständig Frauen nachstellt
Heit bisch owa schu bsondas weiwa-leitisch!	Heute bist du aber schon ganz besonders scharf auf die Frauen!
Weiwass, Weibats	Frau
Weiwaleit	Frauen (allgemein)
wellana(-e), wella(-e)	welcher, welche
Wella Hiafl håt denn deis tu?	Welcher Versager war denn hier am Werk?
Wea bisch iatzt du?	Wie ist dein Name?

Wetta-leitn — Wetterläuten, Glockenläuten zum Vertreiben von Gewittern

wettrig — wetterfühlig, schlecht gelaunt

wiach — bei Speisen: stark geschmalzen, fett; draufgängerisch, hässlich

Wic*kch*l — Umschlag; handfester Streit

Meggsch di eppa auf an Wickchl mit mia einlåssn! — Willst du dich etwa mit mir anlegen!

Wierla — Speise aus geriebenen Kartoffeln, Wirler

Wimmal(-e) — Hautausschlag (Eiterbläschen, Pickel, ...)

Wirschtl, Wiichtl — Frankfurter bzw. Wiener Würste

wixn — (mit Wachs) zum Glänzen bringen; ohrfeigen; onanieren

woach	weich
Woad	Weide
Wohea kimschn du?	Woher kommst du?
woltarn (OT)	ziemlich, beträchtlich
woltan schpaat	ziemlich spät
Ischt a ma woltarn üwan Trischüwl an Eiwasa(r) gekugelt.	Er ist ziemlich arg über den Türschweller gestolpert und in den Hausgang (Diele) gestürzt.

Wåssa-pfeifn	Wasserpfeife; Morgenlatte
Wåssa-låttn	
wualn	wühlen
Muasch du ålm im Drekch wualn!	Musst du denn immer im Schmutz wühlen?
wuarlat	kribbelig
Wuchtl	Germteiggebäck mit Fülle, meist Konfitüre, Buchteln

Wurscht	Wurst
Deis isch ma wurscht.	Das ist mir egal.
wurschtln	sich ohne Plan und Überlegung erfolglos abmühen
I wea mi schu durch-wurschtln!	Ich werde schon irgendwie über die Runden kommen!
Wusara	übereilt handelnder Mensch
wusarn	übereilt handeln
Wuuzarl	kleines Kind, kleinwüchsiger Mensch
wuuzln	etwas zwischen den Fingern drehen oder zerreiben
an Tschigg wuuzln	eine Zigarette drehen
es håt mi fåscht dawuuzlt	es hätte mich beinahe erwischt
Wuzl	etwas Zerknülltes, Papierwuzl; Kosewort für kleine Person

z`morgets	am Morgen
**z`naggscht**, z`naxt	neulich
z`neidn	beneiden
Ea isch nix z`neidn.	Er ist nicht zu beneiden.
z`nepft	müde, abgespannt, niederge-schlagen
z´hintrigscht	zu hinterst, ganz hinten
z`hingtrigscht im Zillatål	am Talschluss des Zillertals (Tux)
zaach	zäh
a zaachs Fleisch	zähes Fleisch
a zaacha Hund	ein zäher Bursch
Zaacha	Tränen
Dia rinnan die Zaacha owa.	Dir laufen ja die Tränen herunter.
zaarn	zerren
Zaa a bissl u!	Bemühe dich mehr! Beeile dich!
Zåggla	schlampiger, unbeholfener Mensch

za-kugln — sich wälzen, auch: tödlich abstürzen

da-kugln voa Låchn — umkommen vor lauter Lachen

za-lempat — zerrissen, beschädigt, zerlumpt

Wia kimschn heit za-lempat dahea! — Wie schlampig bist du denn heute gekleidet.

zandln — einem Kind wachsen die ersten Zähne

de Kloane zandlt gråd — die Kleine bekommt gerade ihre ersten Zähne

zånd-luc*kch*at — eine Zahnlücke haben

za-nepft — zerzaust

Zåpfn — Zapfen

Heit håts owa an Zåpfn. — Heute ist aber es kalt.

zaundirr — spindeldürr

Zeachn, Zechn — Zehe

Zechnkas — stinkender Fußschweiß

Zechn-nogl, Z.-neigl — Zehennagel

zearscht — zuerst

Zegga, Zögga — Tragkorb; Rucksack

Zeisele — Zeisig

Hinta an kloan Heisele hokcht a kloans Zeisele — Tiroler Volksweise: Hinter einem kl. Häuschen sitzt ein kl. Zeisig!

Zeisele-wågn	Gefängniswagen
Zeltn	Tiroler Früchtebrot (zur Weihnachtszeit)
Zend, Zente (ZT)	Zähne
Zerrgl	Teigspeise
z-fleiß *gråd z-fleiß*	erst recht jetzt erst recht
Ziach nit so a Murfl!	Schau nicht so grantig! Mach nicht so ein missmutiges Gesicht!
ziachn	ziehen
Ziaga, Ziacha	Ziehharmonika
Ziagl *Mei, hun i an Ziagl!*	Ziegel; Rausch Mensch, hab ich einen Rausch!
Ziga	Ziegenkäse
ziggln	trinken
Zigori	junger Löwenzahn(-salat)
ziizalweis, ziizeleweis *I hu eam ålls ziizalweis aus da Nåsn ziachn miassn!*	nach und nach, kleinweise Ich konnte die gesamte Wahrheit nur scheibchenweise aus ihm herauslocken.

Zillatåla Kråpfn	Zillertaler Krapfen - mit Topfen und Graukäse gefüllte Teigtaschen
Zillatåla Of'nlewa	Hochzeitsgericht
zindln, zintln	zündeln
zintn	(an-)zünden
jmd. Åane zintn	eine Ohrfeige verabreichen
Zipfl	spitzes Ende (Bettzipfel), Penis
letza Zipfl	kleiner Kerl
Ziwebn, Ziweim	getrocknete Weinbeeren
zletscht	zuletzt
Zniachtl	kleiner unscheinbarer Mensch
Wås mechtn deis Zniachtl vu mia?	Will sich dieser Zwerg etwa mit mir anlegen?
Zoch	roher Mensch
a grouwa Zoch	
Zootn	Haar, Haarschopf
I påck di glei bei di Zootn, wenn'd nit schpuursch!	Ich zieh dich gleich an den Haaren, wenn du nicht spurst!
zottlig, zottlat	zerzaust, ungekämmt
Zoutl-hex	unfrisierte Frau

zoutln an den Haaren reißen

zritt zornig, irr

zrugg(-i) zurück

Gee decht a bissl zruggi! Tritt doch ein paar Schritte zurück! (Formlose Verabschiedung eines Touristen am Berg)

zsåmm(-en) zusammen

zsåmm(en)**leitn** Läuten kurz vor Beginn der Messe

Gschlein di, es håt schu zsåmmenglitten! Beeil dich, die Messe beginnt gleich!

zua zu; betrunken sein

Mai, isch dea zua. Mensch, der ist ja sternhagelvoll.

zuachn (OL) näher heran

zua-groast	eingewandert
Zua-groasta	jmd., der aus einem anderen Ort, Land ... zugewandert (zugereist) ist.
zuawa	her, herzu
zuawa-schliafat	anschmiegsam
Zua-wåg	Gratisbeigabe
Zuc*kch*al, Zuggal	Bonbon
zuggln, ziggln, zuuzln	sich langsam vorwärtsbewegen, langsam (an einem Strohhalm) trinken
Zuigl, Zoig	Zeug, Geräte; Gut; Besitz
Zussl *bleide Zussl*	abwertend für Frau
Zuuzl	Schnuller
zuuzln	saugen
Zwåäzla	Zappelphillipp
zwåäzln *Hea decht amål auf zwåäzln!*	zappeln Hör doch endlich auf zu zappeln!
Zwasper	Heidelbeere

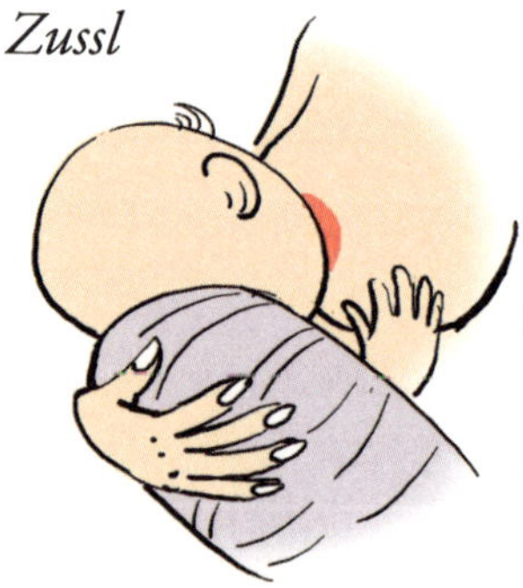

zweanig, z`wianch	zu wenig
Zweschbala	Zwetschkenschnaps
Zwetschgn	Zwetschken, Pflaumen
Zwicka-bussl	Küsschen, bei dem gleichzeitig mit den Fingern in die Wange gezwickt wird.

zwic*kch*n	zwicken
zwiida	schlimm, schlecht gelaunt
Sei nit so zwiida!	Sei nicht so schlimm!
Zwiida-wurzn	bösartiger Mensch
Zwiifl	Zwiebel
zwiifln	jmd. sekkieren, necken, schlagen
I wea di schu zwiifln!	Ich werde dich schon bändigen!
Zwuutschgal	kleines Wesen

Rezepte meina liabscht´n Tirola Schmangalln

Kneidl und Nudln,
Nockchn und Plentn,
deis sei der Tirola
via Elementn.

Gearschtl-suppn

Du braugsch: 25 dag Selchfleisch, 10 dag Speck, Wurzelwerk, 1 Zwiebel, 3 Karotten, 5 EL Gerste, Petersilie, 1 1/2l Wasser, etwas Essig, Salz, Pfeffer.

Wia´s da´s måchsch:
Den Speck in kleine Würfel schneiden und mit den feingehackten Zwiebel und der Gerste leicht anrösten, mit Wasser aufgießen, die geschnitten Karotten und das würfelig geschnittene Selchfleisch beigeben, mit Salz und Pfeffer würzen, mit gehackter Petersilie und etwas Essig verfeinern.

Zillatåla Kråpfn

Fia´n Toag braugsch: je 20 dag Roggen- und Weizenmehl, 1/4l Wasser, Butterschmalz, Salz, 1 Ei
Fia´d Fülle muasch håbm: 10 dag Topfen und Graukäse, 25 dag Erdäpfel, Zwiebel, Butter, Schnittlauch, Salz, Pfeffer

Wia´s da´s måchsch:
Mehl, Wasser, Ei, Salz zu einem Teig verarbeiten, fest kneten und 30 Minuten rasten lassen. In der Zwischenzeit gekochte, geschälte und zerdrückte Erdäpfel mit zerbröseltem Graukäse, Zwiebel (ev. leicht angeröstet), Schnittlauch, Salz, Pfeffer gut vermischen. Den Teig möglichst dünn ausrollen, runde Blätter mit ca. 10 cm Durchmesser, ausstechen und auf jedes Blatt ca. einen Esslöffel Fülle legen.
Die Krapfen werden halbkreisförmig zusammengelegt, die Ränder fest zusammendrücken, sonst rinnt die Fülle beim Backen aus, und an-

schließend in heißem Butterschmalz beidseitg goldbraun backen. Mit grünem Salat und/oder Milch servieren.

Eadäpflwiarla

Du braugsch: 3/4 kg Erdäpfel, 25 dag Mehl, Salz, Butterschmalz

So måchsch'n:
Die kalten, gekochten und geschälten Erdäpfel grob reiben, Mehl und Salz daruntermischen bis bemehlte Erdäpfelbrösel entstehen - nicht klumpig werden lassen. Im heißen Butterschmalz braun rösten und mit Kompott, Apfelmus und/oder Milch servieren.

Zillatåla Ofnlewa

Du braugsch fia åcht Leit: 2 kg Leber, Lunge und fettes Schweinefleisch, 1/2 kg Knödelbrot, 1 Zwiebel, 2 Eier, Milch, Knoblauch, 15 dag Mehl, Schweinsnetz, Majoran

Wia si måchsch:
Fleisch zu einer lockeren Masse faschieren; Knödelbrot mit heißer Milch aufweichen; zu der faschierten Masse werden Pfeffer, Salz, 2 Eier, Majoran, Knoblauch und feingehackte Zwiebel beigegeben und gemeinsam verknetet, anschließend wird das Mehl hinzugefügt. In einer Kasserolle das Schweineschmalz zergehen lassen und die Masse hineinlegen, ca. 8 cm dick. Mit nicht allzu hoher Temperatur 2 - 2,5 Stunden im Rohr backen, bis alles durchgegoren ist.

Tirola Kneidl oder Schpec*kchkch*neidl

Wo der Tiroler Knödel herkommt, wer ihn erfunden hat, seit wann es ihn gibt und ob ihn der Ötzi auch schon gegessen hat, wissen wir eigentlich nicht. Zwar haben Archäologen Knödelnachweise aus dem 2. Jahrtausend v. Chr. belegen können, die erste Knödel-Dokumentation stammt aus 12. Jahrhundert aus Südtirol, ein erstes Knödel-Kochrezept aus dem 16. Jahrhundert.

Du braugsch: 6 trockene Semmeln, Geselchtes oder Wurst, 1/4l Milch, 10 dag Speck, 3 Eier, 1 kl. Zwiebel, 3-4 EL Mehl, Schnittlauch, Butter, Petersilie, Salz, echte Rindsuppe

So måchsch´n:
Die Semmeln werden in kleine Würfeln geschnitten; ebenso Speck oder Wurst, salzen; der Masse werden Eier, Mehl, Schnittlauch und Petersilie hinzugefügt; die kleingeschnittenen Zwiebel werden goldgelb angeröstet und der Masse beigemengt; immer wieder Milch beigeben und die Knödelmasse gut durchkneten, bis sie fest wird. Mit befeuchteten Händen tennisball große Knödel formen und in der leicht köchelnden Rindsuppe ca. 12 Minuten kochen.
Die Knödel werden entweder in der Suppe als Vorspeise serviert, oder als Hauptspeise mit Sauerkraut u.a.

Tirola Greaschtl

Du braugsch: 50 dag. Erdäpfel, 1 Knoblauchzehe, 1 Zwiebel, 5 dag Butter, Wurst oder Fleischreste nach Geschmack, Pfeffer, Salz

So måchsch` es:
Geschälte Erdäpfel feinblättrig schneiden, fein gehackte Zwiebel mit Wurst bzw. Fleischresten in Butter anbräunen, Erdäpfelscheiben dazugeben, mit Salz, Pfeffer, Knoblauch würzen, anbraten lassen, mehrmals umrühren, ev. Majoran beigeben, bis das Greaschtl „prinzig“, also kusprigbraun, angeröstet ist. Serviert mit grünem Salat, Weißbrot, Spinat, Spiegelei etc.

A poar luschtige Gschtanzln

Gschtanzln sind gesungene, gereimte Vierzeiler, die meist zusammen mit einem Jodler oder Juchezer in geselliger Runde zu verschiedensten Anlässen zum Vortrag gebracht wurden. Heute gibt es diesen alten Brauch - wenn überhaupt - vor allem noch im bäuerlichen Milieu im Unterinntal, Zillertal und einigen anderen Tiroler Tälern.

Originaltext
Die Schreibweise entspricht der Originalüberlieferung.

Hinterm Berg Isel
do schteat a Gerüscht,
Do werden die Weiba
Elektrisch geküsst.

Inhaltliche Übersetzung

Hinter dem Berg Isel
steht ein Gerüst
dort werden die
Frauen
elektronisch
geküsst.

Die Sennrin auf da Olm,
De kocht si a Muas
Und hot sie koan Leffl,
Donn riart sie mitm Fuaß.

Die Viehhüterin auf der Alm
kocht sich einen Schmarren
und hat sie keinen Löffel hat,
rührt sie mit dem Fuß um.

Schian is ear nix da Bua
Lei soviel fein,
Schneid hottar a Saggrische,
Mein muaßa sein.

Er ist nicht gerade atrraktiv, der
Bursche, aber so lieb, er hat eine
selbstbewusste Ausstrahlung,
also ist er mir recht.

Luschtig miar Melcha,
Miar Söchterklockar,
Wonn bein Diandl woa fahlt,
Semma selbar Döktar. (ZT)

Lustig wir Melker,
wir Milchkübelklopfer,
wenn dem Mädchen etwas fehlt,
sind wir selber der Doktor.

Auf da Alm drobm muaßt
schloffn - Bua, des is a Sach,
Derfst rumpln und pumpln,
Weard koa Baua nit woch!

Auf der Alm zu schlafen,
das ist eine tolle Sache,
kannst du rumpeln und pumpeln
und kein Bauer wird munter.

Schteig lei auffa, schliaf eina,
Bei miar is guat liegn,
Hot a jeda Bua gsogt,
Dea zu miar auffa iis gschtiegn.

Steig hinauf in mein Zimmer,
schlüpfe unter meine Decke, bei
mir ist es gut liegen, das hat noch
jeder gesagt, der bei mir war.

Miar Luschtign, miar Ledign,
Miar brauchn koa Predigt,
Miar brauchn koa Amt,
Weardn decht nit vadommt.

Wir Lustigen, Unverheirateten
wir brauchen keine Predigt,
wir brauchen keine Messe
und werden deswegen nicht
verdammt.

S Diandl hot gsogt,
Wos bisch du denn fiar oana,
Wennscht nit a Tiroler bisch,
Isch ma liaba goar koana.

Das Mädchen sprach: „Woher
kommst denn du?“
Wenn du kein Tiroler bist,
dann will ich lieber gar keinen.

Fenschtaln bin i gongen
Zu da Schtoahofa Diarn,
Hob s Fenschtal vafahlt,
Hob da Goaß einigschrian.

Fensterln bin ich gewesen
bei der Steinhofer-Tochter, hab
das falsche Fenster genommen,
und habe der Ziege zugerufen.

Gea wegkch vu mein Fenschtal,
Hear endli au singa,
Wannst a richtiga Bua warst,
Warst längst scho herinna! (UL)

Geh weg von meinem Fenster,
höre endlich auf zu singen,
wenn du ein echter Bursche bist,
wärest du längst bei mir drinnen.

Aufm Ofn, aufm Ofn,
Liegt da Votta auf da Muatta,
Loss man liegn do obn,
Kriag ma wieda an Bruada.

Auf dem Ofen liegt der Vater
auf der Mutter ... lassen wir
sie ungestört, denn dann kriegen
wir wieder einen Bruder.

Materlsprüche aus Tirol

Die Schreibweise entspricht dem
Originaltext.

Ich als treuer Hirtenknab
Stieg die Berge auf und ab
Gesucht hab ich die Schafe hier
Und fand mein frühes Grab dafür.

Hier ruht Franz Schiestl
Er war ein seinem Leben
Ein guter Schwanz.
Betet für ihn einen Rosenkranz.

Christ steh still und bet a bissl
Hier liegt der Bauer Jakob Nissl
Zu schwer musste er büßen hier
Er starb an selbstgebrautem Bier.

Es liegt hier begraben die
ehrsame Jungfrau Nothburg
Nindl -
Gestorben ist sie im 17. Jahr,
just als sie zu brauchen war.

Hier liegt Johannes Weindl,
er lebte wie ein Schweindl,
gesoffen hat er wie eine Kuh,
der Herr geb ihm die ewige Ruh.

Unter diesem Rasen
liegt der versoffene
Kupferschmied Nasen.

Hier liegt in süßer Ruh
Erdrückt von seiner Kuh
Franz Xaver Maier.
Daraus sieht man,
wie kurios man sterben
kann.

Hier ruht in Gott Adam Lentsch
26 Jahre lebte er als Mensch
und 37 Jahre als Ehemann.

Hier ruht der Brugger von Leichtleithen
Er starb an einem Blasenleiden
Er war schon je ein schlechter Brunzer
Darum bet für ihn ein Vaterunser.

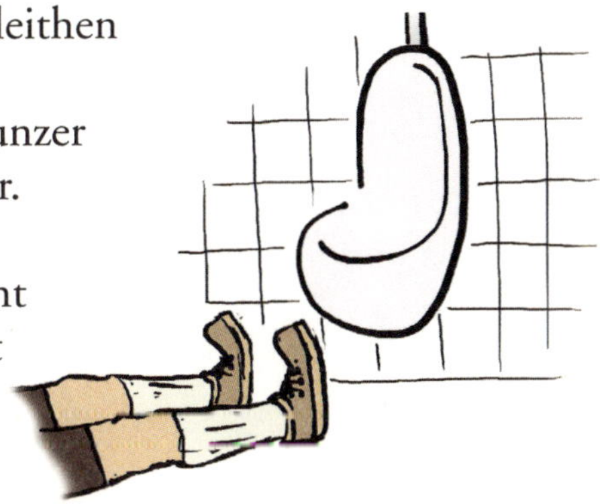

Oh liebe Rosina! So manche Nacht
haben wir mitsammen zugebracht
bis der liebe Heiland kam
und dich wieder zu sich nahm.

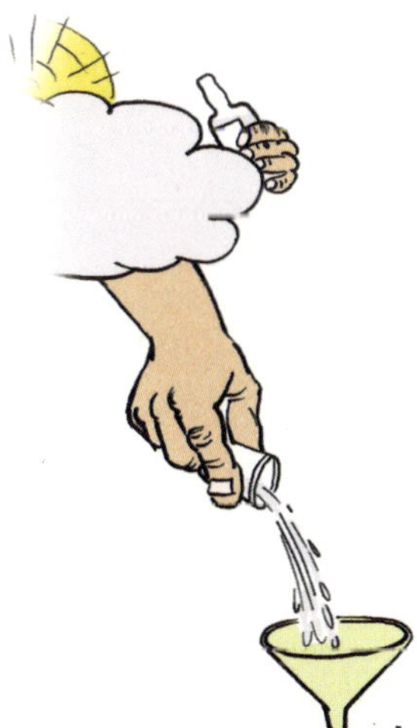

In diesem Grab liegt Unich Peter
Die Frau begrub man hier erst
später.
Man hat sie neben ihm begraben
Wird er die ewige Ruh nun haben?

Hier ruht Franz Josef Matt
Der sich zu Tod gesoffen hat.
Herr gib ihm die ewige Ruh
Und ein Gläsle Schnaps dazu.

Hier in diesen Gruben
Liegen zwei Müllerbuben
Geboren am Chiemsee
Gestorben an Bauchweh.

Hier liegt mein Weib
Gott seis gedankt.
Oft hat sie mit mir gezankt.
Oh lieber Wanderer
Geh gleich fort von hier-
Sonst steht sie auf
Und zankt mit dir.

Hier liegt die Jungfer Rosalind.
Geboren als ungewünschtes Kind.
Ihr unbekannter Vater
War Kapuziner Pater.

Tirol ist lei oans

Text von Sebastian Rieger

Tirol ist lei oans,
ist a Landl, a kloans,
ist a schians, ist a feins,
und dös Landl ist meins.

Mei Liab ist Tirol,
ist mei Weh und mei Wohl,
ist mei Guat und mei Hab,
ist mei Wieg und mei Grab.

Tirol ist lei oans,
wie dös Landl ist koans,
in der Nah, in der Fern
ist koans auf der Erd´n.

Da Ziaglaufzug

Übersetzung
(Die Originalversion in Zillertalerisch
finden Sie auf der beiliegenden CD)

**Sehr geehrte Bauernkrankenversicherung,
liebe Fortuna!**

Ich bin ein kleiner Bauer und wohne im Zillertal. Eines Tages beschloß ich, einen neuen Schweinestall zu bauen. Da ich die Bausteine im Dachboden gelagert hatte, musste ich diese zuerst in den Hof schaffen, um sie zu verarbeiten.

Im Dachboden zu bauen wäre wohl zwecklos gewesen, denn dorthin würden meine Schweine ja ohnehin nie gehen. So rammte ich zuerst einmal im Vorhof einen Pflock in den Boden und wickelte einen Strick herum. Mit diesem Seil ging ich anschließend auf den Dachboden, öffnete das kleine Guckfenster, nagelte an dessen Rahmen einen Balken und befestigte daran ein Rad. Nachdem ich das Seil über dieses Rad geworfen hatte, war es

ein Flaschenzug. Jetzt suchte ich mir einen großen Eimer, band das andere Ende des Stricks daran fest und füllte die Bausteine in den Kübel.
So, nun eilte ich in den Hof und nahm den Strick vom Pflo...: „Du siehst mich ja nicht, liebe Krankenkasse. Du kannst mich ja nicht sehen! Ich bin so ein - wie man im Zillertal sagt - so einer ‚schmaler Wurf' mit ca. 51 Kilogramm Lebendgewicht."
Als ich nun das Seil aus der Verankerung am Holzpflock löste, war auf einmal der Eimer mit den Bausteinen um einiges schwerer als ich. Der Kübel brauste zu Boden, und ich rannte auf der anderen Seite empor. Exakt bei der Mitte trafen wir einander, wobei mir der Ziegeleimer die Haut auf meiner rechten Körperhälfte total abschürfte. Oben angekommen, knallte ich mit dem Kopf so fest an den Holzbalken und anschließend noch an das Metallrad, dass ich mir einen Beule von der Größe eines Bahnwärterhäuschens mit dazugehörigem Schrebergarten zuzog. Daraufhin fiel der Kübel auf die Erde, und natürlich purzelten die Steine heraus. Jetzt war logischerweise der leere Behälter unten leichter als ich oben. Der Kübel raste urplötzlich auf der einen Seite hinauf und ich auf der anderen hinunter; natürlich berührten wir einander bei der Mitte wieder, aber diesmal verletzte ich mich an der linken Körperseite. Als ich nun total ungebremst mit ca. 90km/h dem Boden entgegenbrauste, schlug ich derart unsanft auf, dass mich sofort der Zustand der Bewusstlosigkeit erreichte.
Nun möchte man meinen, der Schrecken wäre endlich vorbei, doch im Gegensatz dazu, ging es nun so richtig los: In meiner Bewusstlosigkeit ließ ich nämlich das Seil los, und jetzt war das Seilende leichter als der Eimer oben. Das Seil brauste hinauf und der Behälter hinunter; bei der Mitte trafen wir zwar nicht mehr zusammen, doch unten

traf mich der Behälter umso stärker. Er brach mit eine Rippe, verbog das Schlüsselbein und zuguterletzt schlug er mit sogar noch 2 Stockzähne aus.

Aus den obengenannten Gründen möchte ich daher hochachtungsvoll um ein kleines Krankengeld bitten.

Literatur

Mundartliche Sprache umgibt uns im sprachlichen Alltag, unterliegt spontanen Einfällen und Situationen sowie auch dem Wandel der Zeit. Begriffe unserer Ahnen sind längst vergessen oder haben sich in ihrer Bedeutung gewandelt. Die in diesem Buch zusammengetragenen Begriffe und die damit verbundenen „Erklärungen“ entsprechen der persönlichen, also individuellen, Wahrnehmung des Autors. Um sicherzugehen, dass nicht wichtige Wörter übersehen oder falsch interpretiert wurden, hat sich der Autor an unterschiedlichen namhaften Quellen orientiert. Eine kurze Übersicht soll dem interessierten Leser weiterhelfen.

Ingenhaeff, W. & Reiter, M. (1992): Kleines Zillertaler Wörterbuch. Berenkamp, ISBN 3-85093-018-1

Reiter, M. (1993): Zillertaler Kuchl- und Stuben-Lesebuch. Rezepte aus der Regionalküche des Zillertals und Geschichten ums Essen und Trinken. Berenkamp, ISBN 3-85093-027-0

Reiter, M. (1995): Sprechen Sie tirolerisch? Von Achling bis Zussl. Edition Zeitgeschehen, ISBN 3-85001-575-0

Wagner, C. & Wagner-Wittula, R. (2001): Tirol - Herzhafte „Koscht“ aus Nord, Süd und Ost. Das Österreichische Kuchlkastl. Pichler Verlag, ISBN 3-85431-227-X

Götz Kauffmann
Küss die Hand?
Mein Wiener Wörterbuch

Lustiger Sprachführer der Wiener Mundart & Wiener Küche. Hardcover, 240 Seiten, über 200 Karikaturen von Stefan Torreiter.
ISBN 3-902211-06-7

Hubert Bruckner
Original Mostviertler Mundartbuch
von Aan bis Zwutschkerl

Amüsant, informativ & lehrreich. Hardcover, 240 Seiten, über 200 Illustration von Renate Maierhofer.
ISBN 3-902211-05-9

Hubert Bruckner
Samlung von Stiehlblüten aus Folgs- und Haubtschule

Unterhaltsam, lustig und frech. Hardcover, 128 Seiten, zahlreiche Illustrationen von Renate Habinger.
ISBN 3-902211-01-6

Christian Schleifer
Sara & Fuxia.
Der Feuersprung

Zauberhafter Kinder- und Jugendroman ab 7 Jahre. Hardcover, illustriert.
Buch: ISBN 3-902211-02-4
Hörbuch: ISBN 3-902211-04-0